출제기준 정비자료 12-05

직무분석 Ⅲ
14 건설

한국산업인력공단

2014년 11월 20일 1판 1쇄 인쇄
2014년 11월 20일 1판 1쇄 발행

지 은 이   한국산업인력공단
발 행 인   이헌숙
표   지   김학용
발 행 처   생각쉼표 & 주)휴먼컬처아리랑
           서울특별시 영등포구 여의도동 45-13 코오롱포레스텔 309
전   화   070) 8866 - 2220 FAX • 02) 784-4111
등록번호   제 2009 - 000008호
등록일자   2009년 12월 29일

www.휴먼컬처아리랑.kr
ISBN 979-11-5565-125-4

contents

직무분석 Ⅲ

14 건설 / 1

직무분석 Ⅲ

14 건설

NCS양식을 활용한
(교통)직종 직무분석
(Transfortation)

2012

교통 능력단위군

□ 교통직무의 정의

교통자료의 수집 및 분석, 교통 수요예측 등을 통해 과학적이고 효율적인 종합교통체계의 구축, 교통시설의 체계적이고 효과적인 관리 및 운영방안 강구, 교통투자계획 등을 세우고, 이들 제반에 걸쳐 설계, 운영, 관리, 평가하는 업무를 하거나 또는 이에 관한 지도 등의 기술적인 업무를 수행하는 직무

□ 직무의 능력단위

능력단위군	코드명	능력단위명	페이지
교통		조사·분석 및 관련계획 검토	7
		교통계획	11
		교통설계	17
		교통운영 및 관리	23
		교통안전·환경	30
		교통경제	35
		교통물류 및 ITS	40

코드명 :
능력단위명 : 조사·분석 및 관련계획 검토
능력단위 정의 : 이 능력단위는 교통현황조사 및 실태·분석, 사회경제 지표 조사분석 및 관련계획, 관련법령 등을 검토할 수 있는 능력이다.

능력단위요소	수 행 준 거
코드명a.1 교통현황조사 및 실태·분석하기	1.1 조사해야 할 항목을 결정할 수 있다. 1.2 결정된 항목별 조사계획을 수립할 수 있다. 1.3 조사에 있어 공신력 있는 자료를 활용할 수 있을 경우 충분히 활용할 수 있다. 1.4 조사된 항목을 공신력 있는 자료와 비교·검증할 수 있다. 1.5 교통현황조사 자료를 토대로 각 특성에 맞게 분석할 수 있다. 1.6 최신 분석기법 활용 및 분석의 정확성을 기할 수 있다.

	【지식】 ◦ 현황조사 능력
	  ◦ 관련 공신력 있는 자료 활용능력
	  ◦ 현장자료 분석 능력
	【기술】 ◦ 스프래드시트 활용 능력
	  ◦ 컴퓨터 및 교통관련 프로그램 활용 능력
	【태도】 ◦ 분석적 사고능력
	  ◦ 공간지각력, 기술 분석 및 설계능력
	  ◦ 판단과 의사결정능력
	  ◦ 의사소통능력 및 문제해결능력

코드명a.2 사회경제지표 조사·분석 하기	2.1 조사할 항목의 내용을 결정할 수 있다. 2.2 조사할 항목에 대해 관련자료를 수집할 수 있다. 2.3 조사된 사회경제지표를 충분히 파악할 수 있다.

능력단위요소	수행준거
	2.4 사회경제지표 추이를 토대로 장래 사회경제지표를 예측할 수 있다. 2.5 장래 예측된 사회경제지표가 적절하게 예측되었는지 관련 상위계획과 비교·검토할 수 있다.

	【지식】 • 통계연보를 통한 관련 자료수집 능력
	        • 장래 사회경제지표 예측 방법에 대한 이해
	【기술】 • 통계프로그램, 문서편집프로그램
	        • 컴퓨터 및 교통관련 프로그램 활용 능력
	【태도】 • 분석적 사고능력
	        • 공간지각력, 기술 분석 및 설계능력
	        • 판단과 의사결정능력
	        • 의사소통능력 및 문제해결능력

코드명a.3 관련계획 및 법령 검토하기	3.1 공공 및 민간기관이 계획한 관련계획(도시, 교통계획 등)을 수집할 수 있다. 3.2 수집된 계획들의 현재 추진상태를 확인할 수 있다. 3.3 미집행계획들의 원인을 분석할 수 있다. 3.4 현재 추진상태까지 확인된 계획들 중 교통수요를 분석하는데 반영하는 기준을 설정할 수 있다. 3.5 교통관련 법률의 최신 개정사항을 수집할 수 있다. 3.6 교통관련 법률의 내용을 분석할 수 있다.

	【지식】 • 계획구역내 관련계획 수집능력
	        • 실행가능성 검토능력
	        • 교통 관련 법률의 수집 능력
	        • 교통유발시설에 대한 유발교통량 검토능력
	        • 장래 계획을 반영하는 관련법령, 지침
	【기술】 • 스프래드시트 활용능력
	        • 컴퓨터 및 인터넷 활용능력

능력단위요소	수 행 준 거
	【태도】 ◦ 분석적 사고능력 ◦ 공간지각력, 기술 분석 및 설계능력 ◦ 판단과 의사결정능력 ◦ 의사소통능력 및 문제해결능력

◆ 작업상황

고려사항→각 성취수준

- 조사하여야 할 항목별 교통현황을 조사하고 실태분석을 하여 교통현황을 명확히 파악할 수 있다.
- 장래 교통수요 예측시 필요한 사회경제지표(인구, 자동차 등)를 조사하고 이를 예측할 수 있다.
- 장래 계획 중에 실행이 확실시 되는 계획과 실행이 불투명한 계획에 대하여 구분할 수 있다. 또한, 제반 교통관련 법률의 내용과 구조를 파악할 수 있다.

자료 및 관련서류

- 교통관련 법규
- 사회경제지표 등 관련 통계자료
- 교통수요분석 등 관련 프로그램 운영 매뉴얼
- 교통계획, 교통공학, 교통시설, 도시계획개론, 교통관계법규, 교통안전 관련 국내외의 인터넷사이트, 학회 및 학술지, 논문 및 연구자료 등

장비 및 도구(재료 포함)

- 필기도구
- 계산기
- 컴퓨터 및 주변기기
- S/W((스프래드시트, 워드프로세서 등)
- 통계관련 전산프로그램
- 교통관련 전산프로그램

- 프리젠테이션 장비
  (OHP. 빔프로젝트, 스크린 등)

◆ **평가지침**

평가방법

- 평가자는 이 능력단위의 수행준거에 제시되어 있는 내용을 평가하기 위해 관련 지식평가, 실제 작업평가, 모의 작업평가, 구두시험 등 다양한 평가방법을 적용할 수 있다.

평가시 고려사항

- 평가자는 피평가자가 수행준거에 제시되어 있는 내용을 성공적으로 수행할 수 있는지 평가해야 한다.
- 작업 수행과정을 면밀히 관찰하고 각 작업 수행과정에 따른 숙련도, 정밀도, 안전성 등을 공정하고 객관성 있게 평가하여야 한다.
- 평가자는 다음사항을 평가하여야 한다.
  - 조사해야 할 항목 결정 능력
  - 결정된 항목별 조사계획 수립 능력
  - 조사된 항목을 공신력 있는 자료와 비교·검증 능력
  - 조사할 항목에 대한 관련자료 수집 능력
  - 사회경제지표 추이를 토대로 장래 사회경제지표 예측 능력
  - 공공 및 민간기관이 계획한 관련계획(도시, 교통계획 등) 수집 능력
  - 현재 추진상태까지 확인된 계획 중 교통수요 분석 반영 기준 설정 능력
  - 교통 관련 최신법률 수집 능력

코드명 :

능력단위명 : 교통계획

능력단위 정의 : 이 능력단위는 교통수요 분석, 교통망(도로, 철도 등) 계획, 교통수요분석용 전산프로그램 운용, 대중교통계획, 주차계획 등을 수립하는 능력이다.

능 력 단 위 요 소	수　행　준　거
코드명b.1 교통수요 분석하기	1.1 여객 및 화물 수요와 관련된 사회·경제지표를 선별할 수 있다. 1.2 사회·경제지표와 여객 및 화물 수요의 상관관계를 규명하고 결정할 수 있다. 1.3 장래 통행의 크기를 추정할 수 있다. 1.4 추정된 장래 통행량을 출발지와 목적지로 구분할 수 있다. 1.5 장래 통행량이 어떤 수단(승용차, 버스, 철도 등)을 이용할지 추정할 수 있다. 1.6 장래 교통망에 교통량을 통행시키는 교통수요분석을 수행할 수 있다. 1.7 예측된 장래교통수요의 적정성을 검토할 수 있다.
	【지식】 · 교통량 통계자료의 수집능력 · 수요예측과정의 수행능력 · 교통망에 대한 혼잡정도의 분석능력 · 교통유발시설에 대한 유발교통량 산정능력 · 추가적인 교통망 건설시점에 대한 분석능력 · 예측된 장래교통수요의 적정성 검토능력 【기술】 · 교통수요분석용 프로그램 운용능력 · 컴퓨터 언어 활용능력 · 통계패키지 활용능력 【태도】 · 분석적 사고능력

능력단위요소	수 행 준 거
	◦ 공간지각력, 기술 분석 및 설계능력 ◦ 판단과 의사결정능력 ◦ 의사소통능력 및 문제해결능력
코드명b.2 교통망(도로, 철도 등) 계획하기	2.1 현재 교통망에 대한 혼잡정도를 파악할 수 있다. 2.2 장래 교통유발시설에 대한 유발교통 수요를 산정할 수 있다. 2.3 장래 교통망의 혼잡수준을 예측할 수 있다. 2.4 장래 혼잡이 예상되어 추가적인 교통시설이 필요한 지점을 선별할 수 있다. 2.5 한정된 재원에 따라 교통시설 건설의 우선순위를 단기, 중기, 장기로 구분할 수 있다. 2.6 정책 결정권자와 협의를 거쳐 최종 교통망계획을 수립할 수 있다. 【지식】 ◦ 교통량 통계자료의 수집능력 ◦ 교통망에 대한 혼잡정도의 분석능력 ◦ 교통유발시설에 대한 유발교통량 산정능력 ◦ 추가적인 교통망 건설시점에 대한 분석능력 【기술】 ◦ 교통수요분석용 프로그램 운용능력 ◦ 스프래드시트 활용능력 ◦ 컴퓨터 언어 활용능력 【태도】 ◦ 분석적 사고능력 ◦ 공간지각력, 기술 분석 및 설계능력 ◦ 판단과 의사결정능력 ◦ 의사소통능력 및 문제해결능력
코드명b.3 교통수요분석용 전산 프로그램 운용하기	3.1 전반적인 교통현상을 충분히 파악할 수 있다. 3.2 실제 교통현상을 모형에서 구현되도록 교통수요 분석용 전산프로그램을 운영할 수 있다.

능력단위요소	수 행 준 거
	3.3 모형에서 구현된 교통현상이 실제 교통현상과 유사하도록 전산프로그램을 수정할 수 있다. 3.4 경험적 연구방법의 내용과 관련 요소들을 충분히 숙지할 수 있다. 【지식】• 관련 정부기관/단체/연구소/업계/학계 등에 관련자료와 통계자료의 수집 및 활용 능력 • 교통수요 분석용 전산프로그램 이해 • 교통시설별 특성차이에 대한 이해 • 모형과 실제 교통현상의 차이를 최소화하는 경험적 연구방법에 대한 이해 【기술】• 교통현상을 파악할 수 있는 이해력 • 교통수요분석용 전산프로그램 활용능력 【태도】• 분석적 사고능력 • 공간지각력, 기술 분석 및 설계능력 • 판단과 의사결정능력 • 의사소통능력 및 문제해결능력
코드명b.4 대중교통계획 수립하기	4.1 대중교통수단의 종류 및 특성에 대해 이해할 수 있다. 4.2 대중교통시설, 운영 등 현황분석을 수행할 수 있다. 4.3 반영계획 미시행시 및 시행시의 대중교통 수요를 전망할 수 있다. 4.4 대중교통체계의 예상문제점 및 개선방안을 도출할 수 있다. 4.5 개선방안에 대한 사업비, 개선효과산출 및 재원조달 방안을 수립할 수 있다. 4.6 대중교통 수단간의 환승운영계획 수립할 수 있다. 【지식】• 대중교통수단의 종류 및 특성 • 대중교통수단의 운영 방법

능력단위요소	수행준거
	○ 대중교통체계의 계획 【기술】 ○ 컴퓨터 및 관련 프로그램 활용 능력 【태도】 ○ 분석적 사고능력 ○ 공간지각력, 기술 분석 및 설계능력 ○ 판단과 의사결정능력 ○ 의사소통능력 및 문제해결능력
코드명b.5 주차계획 수립하기	5.1 노상, 노외, 건축물 부설 등 계획·설계하고자 하는 주차장의 특성을 파악할 수 있다. 5.2 토지이용의 종류 또는 건물특성에 적합한 주차수요를 추정할 수 있다. 5.3 주차수요 예측결과를 토대로 최적의 주차 설계기준 및 방식을 결정할 수 있다. 5.4 주차배치계획 및 운영 관리계획을 수립할 수 있다. 【지식】 ○ 주차형식 및 설치기준의 이해능력 ○ 토지이용 및 건물특성별 주차수요 산정능력 ○ 주차방식별 설계적용능력 【기술】 ○ 스프래드시트 활용능력 【태도】 ○ 분석적 사고능력 ○ 공간지각력, 기술 분석 및 설계능력 ○ 판단과 의사결정능력 ○ 의사소통능력 및 문제해결능력

◆ 작 업 상 황

고려사항

- 교통계획의 수립을 위한 여객 및 화물 수요를 예측할 수 있다.
- 여객 및 화물 수요의 원활한 이동을 위하여 혼잡이 예상되는 지역에 적절한 시점에 맞춰 교통망을 계획할 수 있다.

- 교통수요 분석을 위한 교통수요분석용 전산프로그램을 운영할 수 있다.
- 교통문제의 해결 등을 위한 대중교통 운영계획을 수립할 수 있다.
- 토지이용패턴별 주차발생특성과 이용자 및 해당지역의 주차운영특성을 이해하여 주차배치계획 및 운영관리계획을 수립할 수 있다.

자료 및 관련서류

- 교통관련 법규
- 사회경제지표 등 관련 통계자료
- 교통수요분석 등 관련 프로그램 운영 매뉴얼
- 교통계획, 교통공학, 교통시설, 도시계획개론, 교통관계법규, 교통안전 관련 국내외의 인터넷사이트, 학회 및 학술지, 논문 및 연구자료 등

장비 및 도구(재료 포함)

- 필기도구
- 계산기
- 컴퓨터 및 주변기기
- S/W((스프래드시트, 워드프로세서 등)
- 통계관련 전산프로그램
- 교통관련 전산프로그램
- 프리젠테이션 장비
  (OHP. 빔프로젝트, 스크린 등)

◆ 평 가 지 침

평가방법

- 평가자는 이 능력단위의 수행준거에 제시되어 있는 내용을 평가하기 위해 관련지식평가, 실제 작업평가, 모의 작업평가, 구두시험 등 다양한 평가방법을 적용할 수 있다.

평가시 고려사항

- 평가자는 피평가자가 수행준거에 제시되어 있는 내용을 성공적으로 수행할 수 있는지 평가해야 한다.

교 통

- 작업 수행과정을 면밀히 관찰하고 각 작업 수행과정에 따른 숙련도, 정밀도, 안전성 등을 공정하고 객관성 있게 평가하여야 한다.
- 평가자는 다음사항을 평가하여야 한다.
  - 교통계획 수립을 위한 여객 및 화물 수요 예측 능력
  - 현재 및 장래 교통망에 대한 혼잡정도 파악 능력
  - 장래 혼잡 예상되어 추가적인 교통시설 필요 지점 선별 능력
  - 교통시설 건설 우선순위 선정 능력
  - 교통현상이 모형에서 구현되도록 교통수요분석용 전산프로그램 운영 능력
  - 대중교통수단의 종류 및 특성에 대해 이해
  - 반영계획 미시행시 및 시행시의 대중교통 수요 전망 능력
  - 대중교통체계의 예상문제점 및 개선방안 도출 능력
  - 토지이용의 종류 또는 건물특성에 적합한 주차수요 추정 능력
  - 주차배치계획 및 운영관리계획 수립 능력

코드명 :
능력단위명 : **교통설계**
능력단위 정의 : 이 능력단위는 분석대상 주요지점 및 시설의 용량분석, 용량분석 전산프로그램 운용, 도로, 철도 및 부속시설 설계, 자전거·보행자교통약자 관련 교통시설 설계, 대중교통관련시설 설계 등을 할 수 있는 능력이다.

능력단위요소	수 행 준 거
코드명c.1 용량분석하기	1.1 용량 분석대상 지점 및 시설을 결정할 수 있다. 1.2 결정된 지점 및 시설의 용량분석 기법을 적용하여 서비스수준을 분석할 수 있다. 1.3 서비스수준 분석시 분석기법을 명시할 수 있다. 1.4 용량분석시 분석의 정확성을 기할 수 있다. 【지식】• 주요지점 및 시설의 정의 및 특징 • 용량분석에 사용되는 각종 용어, 효과척도, 서비스수준 • 주요지점 및 시설의 서비스수준 분석 능력 【기술】• 스프래드시트 활용 능력 • 컴퓨터 및 분석기법(T-7F, 도로용량편람) 활용능력 【태도】• 분석적 사고능력 • 공간지각력, 기술 분석 및 설계능력 • 판단과 의사결정능력 • 의사소통능력 및 문제해결능력
코드명c.2 용량분석 전산프로그램 운용하기	2.1 용량분석 전산프로그램 분석기법을 충분히 숙지할 수 있다. 2.2 용량분석 전산프로그램 분석기법을 결정할 수 있다. 2.3 용량분석 전산프로그램을 활용하여 분석을 실시할 수 있다.

교 통

능력단위요소	수 행 준 거
	2.4 용량분석 전산프로그램 운용시 정확성을 기할 수 있다.
	【지식】 • 용량분석 전산프로그램 종류 이해 • 용량분석 전산프로그램 활용 능력 【기술】 • 스프래드시트 활용 능력 • 용량분석관련 프로그램(T-7F, 도로용량편람) 활용능력 【태도】 • 분석적 사고능력 • 공간지각력, 기술 분석 및 설계능력 • 판단과 의사결정능력 • 의사소통능력 및 문제해결능력
코드명c.3 도로, 철도 및 부속시설 설계하기	3.1 도로, 철도와 관련된 장래 계획을 숙지할 수 있다. 3.2 도로, 철도를 설계하기 위한 관련 지침 및 기준을 숙지할 수 있다. 3.3 도로, 철도에 대한 설계 및 대자인 지식을 이해할 수 있다. 3.4 도로, 철도 설계시 이용객의 안전과 편의를 고려하여 설계할 수 있다. 3.5 도로 및 철도에 따른 부속시설물을 설계할 수 있다. 3.6 설계된 도로, 철도 및 부속시설의 적정성을 평가할 수 있다.
	【지식】 • 도로, 철도에 대한 기본 지식 이해 • 도로, 철도와 관련된 장래 계획 • 도로, 철도 설계관련 지침 및 기준 • CAD 프로그램 사용능력 • 도로, 철도 및 부속시설물 설계능력 • 도로, 철도 및 부속시설물 설계 적정성 평가 능력 【기술】 • 컴퓨터 및 CAD 사용능력

능력단위요소	수행준거
	【태도】 • 분석적 사고능력 • 공간지각력, 기술 분석 및 설계능력 • 판단과 의사결정능력 • 의사소통능력 및 문제해결능력
코드명 c.4 자전거·보행자·교통약자 관련 교통시설 설계하기	4.1 자전거 및 보행자와 장애인·임산부·노약자·어린이 등 교통약자의 교통특성을 이해할 수 있다. 4.2 자전거, 보행자, 교통약자 관련 교통시설 계획을 숙지할 수 있다. 4.3 자전거, 보행자, 교통약자 관련 교통시설 설계와 관련된 지침, 기준 등을 숙지할 수 있다. 4.4 자전거이용자, 보행자, 장애인, 임산부, 노약자, 어린이 등의 편의와 안전을 고려하여 교통시설을 설계할 수 있다. 4.5 설계된 자전거/보행자/교통약자 관련 교통시설의 적정성을 평가할 수 있다.
	【지식】 • 자전거/보행자 및 장애인/임산부/노약자/어린이 등 교통약자의 교통특성 이해 • 자전거/보행자/교통약자 관련 교통시설 계획 • 자전거/보행자/교통약자 관련 교통시설의 설계 능력 • 자전거/보행자/교통약자 관련 교통시설의 설계 적정성 평가 능력 【기술】 • 컴퓨터 및 교통관련 전산프로그램 활용 능력 【태도】 • 분석적 사고능력 • 공간지각력, 기술 분석 및 설계능력 • 판단과 의사결정능력 • 의사소통능력 및 문제해결능력

교 통

능력단위요소	수 행 준 거
코드명c.5 대중교통 관련시설 설계하기	5.1 대중교통 관련 시설에 대한 기본적인 지식을 숙지할 수 있다. 5.2 대중교통 관련 시설 계획을 숙지할 수 있다. 5.3 대중교통 관련 시설 설계와 관련된 지침, 기준 등을 숙지할 수 있다. 5.4 차량과 이용객의 편의와 안전을 고려하여 대중교통 관련 시설을 설계할 수 있다. 5.5 설계된 대중교통 관련 시설의 적정성을 평가할 수 있다.
	【지식】 • 대중교통 관련 시설에 대한 기본적인 이해 • 대중교통 관련 시설 계획 • 대중교통 관련 시설 설계와 관련된 지침,기준 • 대중교통 관련 시설의 설계 능력 • 대중교통 관련 시설의 설계 적정성 평가능력 【기술】 • 컴퓨터 및 교통관련 전산프로그램 활용능력 【태도】 • 분석적 사고능력 • 공간지각력, 기술 분석 및 설계능력 • 판단과 의사결정능력 • 의사소통능력 및 문제해결능력

◆ 작 업 상 황

고려사항

- 분석대상 주요지점 및 시설별 용량을 분석할 수 있다.
- 분석대상 가로구간 및 교차로의 용량 분석 전산프로그램을 운용할 수 있다.
- 도로, 철도의 교통관련 시설 등을 설계할 수 있다.
- 자전거 및 보행자도로와 장애인·임산부·노약자·어린이 등 교통약자를 고려한 교통시설을 설계할 수 있다.

- 환승센터, 대규모 역사, 여객터미널 등 대중교통관련 시설을 설계할 수 있다.

자료 및 관련서류

- 교통관련 법규
- 사회경제지표 등 관련 통계자료
- 교통수요분석 등 관련 프로그램 운영 매뉴얼
- 대중교통 관련 시설 설계와 관련된 지침 및 기준
- 교통계획, 교통공학, 교통시설, 도시계획개론, 교통관계법규, 교통안전 관련 국내외의 인터넷사이트, 학회 및 학술지, 논문 및 연구자료 등

장비 및 도구(재료 포함)

- 필기도구
- 계산기
- 컴퓨터 및 주변기기
- S/W((스프래드시트, 워드프로세서 등)
- 통계관련 전산프로그램
- 교통관련 전산프로그램
- 프리젠테이션 장비
  (OHP. 빔프로젝트, 스크린 등)

◆ 평 가 지 침

평가방법

- 평가자는 이 능력단위의 수행준거에 제시되어 있는 내용을 평가하기 위해 관련지식평가, 실제 작업평가, 모의 작업평가, 구두시험 등 다양한 평가방법을 적용할 수 있다.

평가시 고려사항

- 평가자는 피평가자가 수행준거에 제시되어 있는 내용을 성공적으로 수행할 수 있는지 평가해야 한다.
- 작업 수행과정을 면밀히 관찰하고 각 작업 수행과정에 따른 숙련도, 정밀도, 안전성 등

을 공정하고 객관성 있게 평가하여야 한다.
- 평가자는 다음사항을 평가하여야 한다.
  - 지점 및 시설의 용량분석 기법에 맞는 서비스수준 분석 능력
  - 용량분석 전산프로그램 활용 능력
  - 도로, 철도 및 부속시설 설계 능력
  - 도로, 철도 및 부속시설 설계 적정성 평가 능력
  - 자전거/보행자/교통약자 관련 교통시설 설계 능력
  - 자전거/보행자/교통약자 관련 교통시설 설계 적정성 평가 능력
  - 대중교통 관련 시설 설계 능력
  - 대중교통 관련 시설 설계 적정성 평가 능력

코드명 :
능력단위명 : 교통운영 및 관리
능력단위 정의 : 이 능력단위는 신호체계 분석용 전산프로그램 운용, 신호운영방안, TS.M 계획, 교통수요 관리방안, 공사 중 교통처리방안, 교통영향분석·개선대책 등을 수립할 수 있는 능력이다.

능력단위요소	수 행 준 거
코드명d.1 신호체계 분석용 전산 프로그램 운용하기	1.1 교차로 신호시간 계산 과정 및 방법을 숙지할 수 있다. 1.2 교통현황조사자료 중 분석프로그램 입력DATA를 선정하여 적용할 수 있다. 1.3 신호체계 분석용 전산프로그램의 운용능력을 숙지하고 구동할 수 있다. 1.4 분석결과를 해석하고 판단할 수 있다.
	【지식】• 교통통제기법의 이해능력 • 신호체계분석용 전산프로그램 활용능력 • 교차로 신호시간 계산능력 【기술】• 컴퓨터 및 관련 프로그램 활용 능력 【태도】• 분석적 사고능력 • 공간지각력, 기술 분석 및 설계능력 • 판단과 의사결정능력 • 의사소통능력 및 문제해결능력
코드명d.2 신호운영방안 수립하기	2.1 교통통제기법에서 교통신호기 설치 및 운영 준거를 이해할 수 있다. 2.2 신호체계의 알고리즘 이해할 수 있다. 2.3 현장의 도로조건, 교통조건, 신호조건에 관한 자료를 수집할 수 있다. 2.4 수집된 도로·교통·신호조건을 이용하여 신호운영 실태를 분석할 수 있다.

능력단위요소	수행준거
	2.5 변화 또는 예측된 도로조건, 교통조건에 따른 적합한 신호운영방안을 수립할 수 있다.
	【지식】 • 현장조사 및 분석능력 • 교통통제기법의 이해능력 • 교차로 신호시간 계산능력 • 신호체계 분석용 전산프로그램 활용능력 【기술】 • 컴퓨터 및 관련 프로그램 활용 능력 【태도】 • 분석적 사고능력 • 공간지각력, 기술 분석 및 설계능력 • 판단과 의사결정능력 • 의사소통능력 및 문제해결능력
코드명d.3 TSM 계획 수립하기	3.1 TSM(교통체계 관리기법)의 특성, 유형, 효과척도를 이해할 수 있다.
	3.2 대상지역에서의 관련계획 및 자료수집, 현장조사분석을 수행할 수 있다.
	3.3 현재 및 장래여건을 분석하여 문제점을 도출할 수 있다.
	3.4 교통운영개선 방향을 구상하고, 대안을 설정하여 개선방안을 수립할 수 있다.
	3.5 대안별 개선효과를 분석하고, 경제성분석 및 투자 우선순위를 결정할 수 있다.
	【지식】 • 현장조사 및 분석능력 • 교통체계관리기법 이해능력 • 교통체계관리기법 적용능력 • 교통시설 효율화 방안 수립능력 【기술】 • 컴퓨터 및 관련 프로그램 활용 능력 【태도】 • 분석적 사고능력 • 공간지각력, 기술 분석 및 설계능력 • 판단과 의사결정능력 • 의사소통능력 및 문제해결능력

능력단위요소	수 행 준 거
코드명 d.4 **교통수요관리방안** 수립하기	4.1 교통현황 분석을 통하여 문제점을 파악할 수 있다. 4.2 실시되고 있는 교통수요관리방안에 대한 검토 및 문제점을 분석할 수 있다. 4.3 교통수요 관리방안에 대한 개선방향을 정립할 수 있다. 4.4 실시 가능한 수요관리방안을 도출할 수 있다. 4.5 도출된 방안의 평가 및 단계적 실시방안을 결정할 수 있다. 4.6 시행시 종합적 기대효과를 분석할 수 있다.

	【지식】 • 교통수요관리기법의 이해능력
	       • 교통수요관리방안의 검토 및 수립능력
	       • 교통수요관리기법의 적용능력
	【기술】 • 컴퓨터 및 관련프로그램 활용능력
	【태도】 • 분석적 사고능력
	       • 공간지각력, 기술 분석 및 설계능력
	       • 판단과 의사결정능력
	       • 의사소통능력 및 문제해결능력

코드명 d.5 **공사중 교통소통대책** 수립하기	5.1 공사 중 교통소통대책의 기본원칙을 이해할 수 있다. 5.2 공사 주변지역의 교통현황을 조사분석할 수 있다. 5.3 공사 중 교통여건 변화에 따른 영향을 예측하고 분석할 수 있다. 5.4 공사중의 교통처리계획, 용량증대방안수립, 교통안전시설계획, 교통운영계획, 유지 및 철거계획 등 종합적인 공사중 교통소통대책을 수립할 수 있다.

능력단위요소	수 행 준 거
	5.5 공사중 교통소통대책의 수립으로 변화된 용량, 지체도, 속도 등의 시행효과를 분석할 수 있다. 5.6 홍보계획 및 모니터링 시행계획을 수립할 수 있다.
	【지식】 • 현장조사 및 분석능력 　　　　• 공사중 교통소통대책 기본원칙 이해능력 　　　　• 공사중 교통소통대책 수립능력 【기술】 • 컴퓨터 및 관련 프로그램 활용 능력 【태도】 • 분석적 사고능력 　　　　• 공간지각력, 기술 분석 및 설계능력 　　　　• 판단과 의사결정능력 　　　　• 의사소통능력 및 문제해결능력
코드명d.6 교통영향 분석·개선 대책 수립하기	6.1 조사·분석을 통하여 영향권내의 교통실태를 충분히 파악할 수 있다. 6.2 사업계획의 세부내용을 숙지하여 사업특성에 부합하는 관련계획 및 관련자료를 수집할 수 있다. 6.3 사업 시행시 및 미시행시 교통여건 변화를 비교 분석하기 위해 교통수요 예측과정을 수행할 수 있다. 6.4 사업시행으로 인한 교통영향의 내용 및 정도를 파악할 수 있다. 6.5 교통영향을 저감할 수 있는 개선대책을 수립할 수 있다. 6.6 교통개선대책의 시행으로 예상되는 개선효과를 분석할 수 있다.
	【지식】 • 현장조사 및 기관의 통계자료 수집, 활용능력 　　　　• 사업계획에 대한 교통특성 이해 　　　　• 교통수요 예측 및 분석능력 　　　　• 교통개선대책 수립능력

능력단위요소	수 행 준 거
	【기술】 ◦ 교통패키지(KMCM, T7F, EMME/2 등) 운용능력 　　　　◦ 시프래드시트 프로그램 활용능력 【태도】 ◦ 분석적 사고능력 　　　　◦ 공간지각력, 기술 분석 및 설계능력 　　　　◦ 판단과 의사결정능력 　　　　◦ 의사소통능력 및 문제해결능력

◆ 작 업 상 황

고려사항→각 성취수준

- 신호운영방안 수립을 위해 신호체계 분석용 전산프로그램을 운용할 수 있다.
- 효율적인 교통운영 및 관리를 위해 신호운영방안을 수립할 수 있다.
- 교통혼잡의 완화, 교통시설의 처리능력 제고 등을 위한 TSM 계획을 수립할 수 있다.
- 지속적인 교통시설 확충에도 불구하고 교통혼잡도가 심화되는 특정지역에 대해 교통수요관리방안을 수립할 수 있다.
- 교통현황 및 공사로 인한 교통영향을 분석하여 공사중 교통소통대책을 수립할 수 있다.
- 사업의 시행으로 예상되는 교통영향을 분석하고, 영향저감을 위한 개선대책을 수립할 수 있다.

자료 및 관련서류

- 교통관련 법규
- 사회경제지표 등 관련 통계자료
- 교통수요분석 등 관련 프로그램 운영 매뉴얼
- 교통계획, 교통공학, 교통시설, 도시계획개론, 교통관계법규, 교통안전 관련 국내외의 인터넷사이트, 학회 및 학술지, 논문 및 연구자료 등

장비 및 도구(재료 포함)

- 필기도구
- 계산기

- 컴퓨터 및 주변기기
- S/W(스프래드시트, 워드프로세서 등)
- 통계관련 전산프로그램
- 교통관련 전산프로그램
- 프리젠테이션 장비
  (OHP. 빔프로젝트, 스크린 등)

◆ 평 가 지 침

평가방법

- 평가자는 이 능력단위의 수행준거에 제시되어 있는 내용을 평가하기 위해 관련지식평가, 실제 작업평가, 모의 작업평가, 구두시험 등 다양한 평가방법을 적용할 수 있다.

평가시 고려사항

- 평가자는 피평가자가 수행준거에 제시되어 있는 내용을 성공적으로 수행할 수 있는지 평가해야 한다.
- 작업 수행과정을 면밀히 관찰하고 각 작업 수행과정에 따른 숙련도, 정밀도, 안전성 등을 공정하고 객관성 있게 평가하여야 한다.
- 평가자는 다음사항을 평가하여야 한다.
  - 교차로 신호시간 계산 과정 및 방법
  - 신호체계 분석용 전산프로그램 운용 능력
  - 신호체계의 알고리즘 이해 능력
  - 도로·교통·신호조건을 이용한 신호운영 실태 분석 능력
  - 도로조건, 교통조건에 부합하는 신호운영방안 수립 능력
  - TSM(교통체계 관리기법) 이해 능력
  - 교통운영개선 대안설정 및 개선방안 수립 능력
  - 대안별 개선효과 분석 및 경제성분석, 투자 우선순위 결정 능력
  - 실시되고 있는 교통수요관리방안에 대한 검토 및 문제점 분석 능력
  - 실시 가능한 수요관리방안 도출 능력
  - 도출된 방안 평가 및 단계적 실시방안 결정 능력
  - 공사중 교통소통대책 기본원칙 이해 능력
  - 공사중 교통소통대책 수립 능력

- 공사중 교통소통대책 수립의 시행효과 분석 능력
- 사업시행으로 인한 교통영향 내용 및 정도 파악 능력
- 교통영향을 저감할 수 있는 개선대책 수립 능력
- 교통개선대책의 시행으로 예상되는 개선효과 분석 능력

교 통

코드명 :

능력단위명 : 교통안전·환경

능력단위 정의 : 이 능력단위는 조사분석 및 사고방지대책, 교통안전 진단, 교통안전시설계획의 설계 및 관리, 탄소배출저감방안 등을 수립할 수 있는 능력이다.

능력단위요소	수 행 준 거
코드명e.1 조사·분석 및 사고방지대책 수립하기	1.1 교통사고자료를 사용하는 목적을 숙지할 수 있다. 1.2 교통사고 조사 항목에 근거하여 조사결과를 기록할 수 있다. 1.3 교통사고의 기본적인 통계, 사고요인, 위험도, 사고원인을 분석할 수 있다. 1.4 교통사고 전·후의 상황 정보를 종합하여 당시 상황을 재현할 수 있다. 1.5 교통사고 방지대책을 수립할 수 있다. 1.6 교통안전대책 실시 후의 효과를 평가할 수 있다.
	【지식】 ◦ 교통사고의 발생원인과 유형 ◦ 교통사고 원인 분석 방법 ◦ 교통사고 방지대책 수립 및 효과평가 방법 【기술】 ◦ 컴퓨터 및 관련 프로그램 활용 능력 【태도】 ◦ 분석적 사고능력 ◦ 공간지각력, 기술 분석 및 설계능력 ◦ 판단과 의사결정능력 ◦ 의사소통능력 및 문제해결능력
코드명e.2 교통안전 진단하기	2.1 교통안전진단의 목적 및 방법을 숙지할 수 있다. 2.2 설계시공, 준공단계의 교통안전진단을 수행할 수 있다.

능력단위요소	수행준거
	2.3 운영 및 유지관리단계의 교통안전진단을 수행할 수 있다.
	2.4 교통수단·교통시설 또는 교통체계에 대한 교통안전진단을 할 수 있다.
	2.5 안전 위험요인을 규명하고 해결방향을 제시할 수 있다.
	【지식】 • 교통사고의 발생원인과 유형 • 도로건설 단계별 도로 안전 분석 기법 【기술】 • 컴퓨터 및 관련 프로그램 활용 능력 【태도】 • 분석적 사고능력 • 공간지각력, 기술 분석 및 설계능력 • 판단과 의사결정능력 • 의사소통능력 및 문제해결능력
코드명e.3 교통안전시설 계획, 설계 및 관리하기	3.1 교통안전시설의 설치 원칙 및 절차를 숙지할 수 있다.
	3.2 교통안전시설의 설계기준에 맞게 계획하고 설계할 수 있다.
	3.3 교통안전시설을 합리적으로 설치·관리할 수 있다.
	3.4 공사완료 후 교통안전시설의 관리대장을 작성•관리하고, 정기적으로 점검할 수 있다.
	【지식】 • 도로안전시설의 종류 • 도로안전시설의 설계기준 【기술】 • 컴퓨터 및 관련 프로그램 활용 능력 【태도】 • 분석적 사고능력 • 공간지각력, 기술 분석 및 설계능력 • 판단과 의사결정능력 • 의사소통능력 및 문제해결능력

능력단위요소	수행준거
코드명 e.4 교통 환경오염 저감 방안 수립하기	4.1 자동차 배출가스 종류와 특성을 파악할 수 있다. 4.2 배출가스의 측정방법과 확산되는 과정을 이해할 수 있다. 4.3 대기오염 예측을 토대로 배출가스 저감대책을 수립할 수 있다. 4.4 탄소배출 저감방안을 수립할 수 있다. 4.5 교통소음의 기준과 전파과정을 이해할 수 있다. 4.6 교통소음 예측을 토대로 교통소음 저감대책을 수립할 수 있다.
	【지식】 ◦ 교통 환경오염의 종류 　　　　 ◦ 교통 환경오염 저감대책 수립 능력 【기술】 ◦ 컴퓨터 및 관련 프로그램 활용 능력 【태도】 ◦ 분석적 사고능력 　　　　 ◦ 공간지각력, 기술 분석 및 설계능력 　　　　 ◦ 판단과 의사결정능력 　　　　 ◦ 의사소통능력 및 문제해결능력

◆ 작 업 상 황

(고려사항→각 성취수준)

- 교통사고의 조사 및 분석을 수행하고, 전·후 상황의 재현을 토대로 교통사고 방지대책을 수립할 수 있다.
- 교통수단·교통시설 또는 교통체계에 대한 교통사고 감소 대책을 수립하기 위해 교통안전진단을 할 수 있다.
- 교통사고방지를 위해 안전시설을 계획, 설계, 관리할 수 있다.
- 교통 환경오염의 종류와 특성을 이해하고 저감대책을 수립할 수 있다.

자료 및 관련서류

- 교통관련 법규
- 사회경제지표 등 관련 통계자료
- 교통수요분석 등 관련 프로그램 운영 매뉴얼
- 교통환경오염저감관련 기준 및 지침
- 교통계획, 교통공학, 교통시설, 도시계획개론, 교통관계법규, 교통안전 관련 국내외의 인터넷사이트, 학회 및 학술지, 논문 및 연구자료 등

장비 및 도구(재료 포함)

- 필기도구
- 계산기
- 컴퓨터 및 주변기기
- S/W((스프래드시트, 워드프로세서 등)
- 통계관련 전산프로그램
- 교통관련 전산프로그램
- 프리젠테이션 장비
  (OHP. 빔프로젝트, 스크린 등)

◆ 평 가 지 침

평가방법

- 평가자는 이 능력단위의 수행준거에 제시되어 있는 내용을 평가하기 위해 관련지식평가, 실제 작업평가, 모의 작업평가, 구두시험 등 다양한 평가방법을 적용할 수 있다.

평가시 고려사항

- 평가자는 피평가자가 수행준거에 제시되어 있는 내용을 성공적으로 수행할 수 있는지 평가해야 한다.
- 작업 수행과정을 면밀히 관찰하고 각 작업 수행과정에 따른 숙련도, 정밀도, 안전성 등을 공정하고 객관성 있게 평가하여야 한다.
- 평가자는 다음사항을 평가하여야 한다.

교 통

Transfortation

- 교통사고의 기본적인 통계, 사고요인, 위험도, 사고원인 분석 능력
- 교통사고 방지대책 수립 및 평가 능력
- 교통수단·교통시설 또는 교통체계에 대한 교통안전진단 능력
- 안전 위험요인 규명 및 해결방향 제시 능력
- 교통안전시설의 설계기준에 맞게 계획 및 설계 능력
- 대기오염 예측을 토대로 배출가스 저감대책 수립 능력
- 교통소음 예측을 토대로 교통소음 저감대책 수립 능력

교통 안전 · 환경

코드명 :
능력단위명 : 교통경제
능력단위 정의 : 이 능력단위는 경제성 분석, 민간투자사업 적격성 분석, 재무성 분석 등을 할 수 있는 능력이다.

능력단위요소	수행준거
코드명f.1 경제성 분석하기	1.1 교통시설의 경제적 타당성을 분석하기 위한 관련 지침 등을 이해할 수 있다. 1.2 계획하는 교통시설 투자사업에 소요되는 사업비와 운영비 등 총 비용을 산정할 수 있다. 1.3 계획하는 교통시설 투자사업에 대한 효과로서 수요예측 결과인 영향권내 교통패턴의 변화에 따른 종합적인 절감편익을 계량화할 수 있다. 1.4 산정된 총 비용과 절감편익을 활용하여 편익/비용비(B/C), 순현재가치(NPV), 내부수익률(IRR)등 다양한 지표를 이용한 경제성 분석을 수행할 수 있다. 1.5 분석결과의 평가 및 민감도와 위험도를 분석할 수 있다.
	【지식】 • 컴퓨터 및 관련 프로그램 활용 능력 • B/C, IRR, NPV에 대한 산출능력 • 사회적 할인율에 대한 이해 • 시간, 운행, 사고비용 산출에 대한 이해 【기술】 • 교통수요분석용 프로그램 운용능력 • 스프래드시트 프로그램 활용능력 • 컴퓨터 언어(포트란, C++등) 활용능력 • 통계패키지 활용능력 【태도】 • 분석적 사고능력 • 공간지각력, 기술 분석 및 설계능력 • 판단과 의사결정능력 • 의사소통능력 및 문제해결능력

능력단위요소	수행준거
코드명 f.2 교통시설 민자투자사업 적격성 분석하기	2.1 교통시설의 민간투자사업에 대하여 요금 탄력성 등을 고려한 교통수요를 예측하고, 이에 대한 객관적이고 합리적인 근거자료를 제시할 수 있다. 2.2 교통시설의 건설·운영으로부터 발생하는 편익과 이에 소요되는 비용을 적절히 반영한 타당성조사를 수행할 수 있다. 2.3 민간투자사업 또는 재정사업으로 추진할 경우에 대한 사업 전 기간의 총 생애주기비용(LCC)을 추정하고 재무성을 검토하여 종합적으로 민간투자사업의 적격성 (Value for Money)을 판단할 수 있다. 2.4 다양한 민감도 분석 등을 통하여 민간투자사업의 실행대안을 도출할 수 있다. 【지식】 ○ 교통량 통계자료의 수집능력 ○ 설득력있는 설명자료 작성능력 ○ 요금 탄력성 등을 고려한 교통수요 예측 ○ 민간투자사업의 타당성 검토 및 적격성 (Value for Money) 판단 ○ 민감도 분석 등을 통한 실행대안의 도출 【기술】 ○ 교통수요분석용 프로그램 운용능력 ○ 스프래드시트 프로그램 활용능력 ○ 컴퓨터 언어(포트란, C++등) 활용능력 ○ 통계패키지 활용능력 【태도】 ○ 분석적 사고능력 ○ 공간지각력, 기술 분석 및 설계능력 ○ 판단과 의사결정능력 ○ 의사소통능력 및 문제해결능력
코드명 f.3 재무성 분석하기	3.1 재무성 분석에 필요한 항목을 검토할 수 있다. 3.2 교통계획시설의 요금체계변화에 따른 수요 예측 변화를 분석하고 이해할 수 있다.

능력단위요소	수행준거
	3.3 비용항목과 수익항목을 명확히 구분하고 산정할 수 있다.
	3.4 재무성 분석 기법을 활용한 분석시트를 작성하여 교통시설계획의 사업수익률 등 종합적 재무적 수익성을 검토할 수 있다.
	【지식】 ◦ 컴퓨터 및 관련 프로그램 활용 능력 ◦ 재무성 분석기법에 대한 이해 ◦ 경제성 분석과 차이점 이해 ◦ FIRR(재무적 내부수익률), FNPV(재무적 순현재가), PI(수익성 지수법)에 대한 이해 【기술】 ◦ 교통수요 분석용 프로그램 운용 능력 ◦ 스프래드시트 활용 능력 【태도】 ◦ 분석적 사고능력 ◦ 공간지각력, 기술 분석 및 설계능력 ◦ 판단과 의사결정능력 ◦ 의사소통능력 및 문제해결능력

◆ **작업상황**

고려사항

- 계획하는 교통시설의 경제적 타당성을 검증하기 위한 경제성 분석을 할 수 있다.
- 민간 자본으로 교통시설을 계획하는데 있어 필요한 절차에 따라 업무처리를 할 수 있다.
- 교통시설계획에 대한 사업비와 운영비에 근거하여 요금수준을 기준으로 개별사업자의 입장에서의 재무적 수익성을 검토할 수 있다.

자료 및 관련서류

- 교통관련 법규
- 사회경제지표 등 관련 통계자료

- 교통수요분석 등 관련 프로그램 운영 매뉴얼
- 재무성분석 관련 기준 및 지침
- 교통계획, 교통공학, 교통시설, 도시계획개론, 교통관계법규, 교통안전 관련 국내외의 인터넷사이트, 학회 및 학술지, 논문 및 연구자료 등

장비 및 도구(재료 포함)

- 필기도구
- 계산기
- 컴퓨터 및 주변기기
- S/W(스프래드시트, 워드프로세서 등)
- 통계관련 전산프로그램
- 교통관련 전산프로그램
- 프리젠테이션 장비
  (OHP. 빔프로젝트, 스크린 등)

◆ 평 가 지 침

평가방법

- 평가자는 이 능력단위의 수행준거에 제시되어 있는 내용을 평가하기 위해 관련지식평가, 실제 작업평가, 모의 작업평가, 구두시험 등 다양한 평가방법을 적용할 수 있다.

평가시 고려사항

- 평가자는 피평가자가 수행준거에 제시되어 있는 내용을 성공적으로 수행할 수 있는지 평가해야 한다.
- 작업 수행과정을 면밀히 관찰하고 각 작업 수행과정에 따른 숙련도, 정밀도, 안전성 등을 공정하고 객관성 있게 평가하여야 한다.
- 평가자는 다음사항을 평가하여야 한다.
  - 계획하는 교통시설 투자사업에 대한 효과로서 수요예측 결과인 영향권내 교통패턴의 변화에 따른 종합적인 절감편익 계량화 능력
  - 산정된 총 비용과 절감편익을 활용하여 편익/비용비(B/C), 순현재가치(NPV), 내부수익률(IRR) 등 다양한 지표를 이용한 경제성 분석 능력

- 교통시설의 민간투자사업에 대하여 요금 탄력성 등을 고려한 교통수요를 예측 하고, 이에 대한 객관적이고 합리적인 근거자료 제시 능력
- 사업 전 기간의 총 생애주기비용(LCC)을 추정하고 재무성을 검토하여 종합적으로 민간투자사업의 적격성(Value for Money) 판단 능력
- 재무성 분석 기법을 활용한 분석시트를 작성하여 교통시설계획의 사업수익률 등 종합적 재무적 수익성 검토 능력

코드명 :

능력단위명 : 교통물류 및 ITS

능력단위 정의 : 이 능력단위는 교통물류 계획, 첨단교통체계 계획을 수립하고 관리할 수 있는 능력이다.

능력단위요소	수행준거
코드명g.1 교통물류 계획 및 관리하기	1.1 현재 교통시설의 수송능력을 분석할 수 있다. 1.2 물류거점시설 및 연계거점시설에 대하여 이해할 수 있다. 1.3 복합환승센터에 대해서 이해할 수 있다. 1.4 물류시스템과 환승센터에 도입되는 시스템을 이해할 수 있다. 1.5 교통시설의 수송능력 극대화를 위하여 효율적인 교통물류체계를 계획할 수 있다.
	【지식】 • l교통물류에 대한 이해 • 교통물류거점과 연계교통시설에 대한 이해 • 복합환승센터에 대한 이해 • 교통시설의 수송능력에 대한 이해 【기술】 • 스프레드시트 활용능력 【태도】 • 분석적 사고능력 • 공간지각력, 기술 분석 및 설계능력 • 판단과 의사결정능력 • 의사소통능력 및 문제해결능력
코드명g.2 지능형 교통체계 계획수립 및 관리하기	2.1 지능형 교통체계(ITS)의 목적 및 기대효과를 이해할 수 있다. 2.2 ITS의 수요를 조사하고 문제점 및 개선방안을 도출할 수 있다. 2.3 국가ITS 아키텍쳐와 표준화된 서비스를 이해할 수 있다.

능력단위요소	수행준거
	2.4 교통관리전략과 교통정보의 수집/가공/제공전략을 수립할 수 있다.
	2.5 ITS 센터의 운영과 현장장비에 대한 관리계획을 수립할 수 있다.
	2.6 ITS 분야별(자동차도로교통분야, 철도교통분야, 해상교통분야, 항공분야, 수단간연계) 도입시스템에 대해 이해할 수 있다.
	【지식】 ◦ 교통정보의 개념과 역할 ◦ 교통정보체계의 구성 및 수집, 제공매체의 최근 추세 ◦ 선진외국의 기술동향 ◦ 교통관리전략에 대한 이해 ◦ 서비스분야 및 단위시스템에 대한 이해 ◦ 표준화, 성능평가 및 효과평가에 대한 이해 ◦ 교통정보의 수집/가공/제공에 대한 이해 ◦ 단위시스템별 수집/가공/제공/제어/단속에 대한 이해 【기술】 ◦ 컴퓨터 및 관련 프로그램 활용 능력 【태도】 ◦ 분석적 사고능력 ◦ 공간지각력, 기술 분석 및 설계능력 ◦ 판단과 의사결정능력 ◦ 의사소통능력 및 문제해결능력

◆ 작업상황

고려사항

- 교통시설의 수송능력을 분석하고, 물류거점시설 및 연계거점시설 복합환승센터 등에 대해 계획하여 교통시설의 수송능력의 극대화를 추진할 수 있다.
- 구축된 교통시설에 첨단통신, 첨단컴퓨터, 첨단자동차등을 종합적으로 접목시켜 교통체계의 효율성과 안전성을 도모할 수 있다.

교 통

자료 및 관련서류

- 교통관련 법규
- 사회경제지표 등 관련 통계자료
- 교통수요분석 등 관련 프로그램 운영 매뉴얼
- 지능형교통체계관련 기준 및 지침
- 교통계획, 교통공학, 교통시설, 도시계획개론, 교통관계법규, 교통안전 관련 국내외의 인터넷사이트, 학회 및 학술지, 논문 및 연구자료 등

장비 및 도구(재료 포함)

- 필기도구
- 계산기 및 주변기기
- 컴퓨터
- S/W(스프래드시트, 워드프로세서 등)
- 통계관련 전산프로그램
- 교통관련 전산프로그램
- 프리젠테이션 장비
  (OHP. 빔프로젝트, 스크린 등)

◆ 평 가 지 침

평가방법

- 평가자는 이 능력단위의 수행준거에 제시되어 있는 내용을 평가하기 위해 관련지식평가, 실제 작업평가, 모의 작업평가, 구두시험 등 다양한 평가방법을 적용할 수 있다.

평가시 고려사항

- 평가자의 수행준거 및 평가내용에 제시되어 있는 내용을 숙지하고 수행했는지를 평가해야 한다.
- 작업 수행과정을 면밀히 관찰하고 각 작업 수행과정에 따른 숙련도, 정밀도, 안전성 등을 공정하고 객관성 있게 평가하여야 한다.
- 평가자는 다음사항을 평가하여야 한다.

- 교통시설의 수송능력 극대화 위한 효율적인 교통물류체계 계획 능력
- ITS의 분야별(자동차도로교통분야, 철도교통분야, 해상교통분야, 항공분야, 수단간연계) 도입시스템에 대한 이해

<부 록>

■ 교통직종 직무구조도

책 무	작 업				
A. 조사·분석 및 관련계획 검토	A-1 교통현황조사 및 실태· 분석하기	A-2 사회경제지표 조사·분석하기	A-3 관련계획 및 법령 검토하기		
B. 교통계획	B-1 교통수요 분석하기	B-2 교통망(도로, 철도 등) 계획하기	B-3 교통수요분석용 전산프로그램 운용하기	B-4 대중교통계획 수립하기	B-5 주차계획 수립하기
C. 교통설계	C-1 용량분석하기	C-2 용량분석 전산프로그램 운용하기	C-3 도로, 철도 및 부속시설 설계하기	C-4 자전거·보행 자·교통약자 관련 교통 시설설계하기	C-5 대중교통관련 시설설계하기
D. 교통운영 및 관리	D-1 신호체계 분석용 전산프로그램 운용하기	D-2 신호운영방안 수립하기	D-3 TS.M 계획 수립하기	D-4 교통수요 관리방안 수립하기	D-5 공사중 교통처리방안 수립하기
	D-6 교통영향분석· 개선대책 수립하기				
E. 교통안전·환경	E-1 조사·분석 및 사고방지 대책 수립하기	E-2 교통안전 진단하기	E-3 교통안전시설 계획, 설계 및 관리하기	E-4 교통 환경오염 저감방안수립 하기	
F. 교통경제	F-1 경제성 분석하기	F-2 교통시설 민간투자사업 적격성 분석하기	F-3 재무성 분석하기		
G. 교통물류 및 ITS	G-1 교통물류계획 및 관리하기	G-2 지능형교통체 계 계획수립 및 관리하기			

NCS 양식을 활용한
(도시계획)직종 직무분석
(Urban Planning)

2012

도시계획 능력단위군

□ 도시계획 직무의 정의

도시계획, 지역계획, 개발사업계획 등 국토 및 도시의 합리적인 개발 및 정비를 위한 계획수립과 그 집행과정에 참여하고 인구, 경제, 환경, 물리적 시설, 토지이용, 집행관리 등을 포함하여 각종 예측기법을 통해 미래의 인구규모, 경제적 여건 등을 예측하고 이를 토대로 원활한 기능수행이 가능한 각종 공간 및 시설 배치계획을 수립하고 이를 집행하기 위하여 도서에 계획내용을 나타내는 업무를 수행하는 직무

□ 직무의 능력단위

능력단위군	코드명	능력단위명	페이지
도시계획		도시조사	49
		도시분석	57
		계획목표 수립	64
		도시계획 수립	69
		도시계획 실행	75
		도시계획 평가	80

코드명 :
능력단위명 : 도시조사
능력단위 정의 : 이 능력단위는 조사계획수립, 문헌자료조사, 통계자료조사, 현장조사, 광역적현황조사, 대상지현황조사, 설문조사 등을 하는 능력이다.

능력단위요소	수 행 준 거
코드명a.1 조사계획 수립하기	1.1 조사목적을 설정할 수 있다. 1.2 조사대상을 파악할 수 있다. 1.3 조사항목과 조사방법을 파악할 수 있다. 1.4 조사일정을 수립할 수 있다. 1.5 조사인원 및 조사기간을 파악할 수 있다. 1.6 조사비용을 산출 할 수 있다. 1.7 조사결과의 활용방안을 제시할 수 있다.
	【지식】 ㅇ 도시특성의 이해 　　　　ㅇ 조사분석방법 　　　　ㅇ 통계분석 　　　　ㅇ 도시계획관계법 　　　　ㅇ 토지이용계획 【기술】 ㅇ 기획능력 【태도】 ㅇ 의사소통능력 　　　　ㅇ 문제해결능력 　　　　ㅇ 조직이해능력 　　　　ㅇ 분석적 사고능력
코드명a.2 문헌자료 조사하기	2.1 문헌자료 유형을 파악할 수 있다. 2.2 문헌자료의 특성을 파악할 수 있다.

도시계획

능력단위요소	수 행 준 거
	2.3 문헌자료를 통해 자료를 수집할 수 있다.
	2.4 지역의 발전 연혁을 조사할 수 있다.
	2.5 상위계획 및 관련계획을 조사할 수 있다.
	2.6 사회문화 등 관련분야 자료를 조사할 수 있다.
	【지식】 ㅇ 조사분석방법 ㅇ 통계자료분석 ㅇ 도시계획관련법령 【기술】 ㅇ 통계학 ㅇ 자료분석 【태도】 ㅇ 의사소통능력 ㅇ 문제해결능력 ㅇ 조직이해능력 ㅇ 분석적 사고능력
코드명a.3 통계자료 조사하기	3.1 통계자료의 종류를 파악할 수 있다.
	3.2 통계자료의 수집방안을 조사할 수 있다.
	3.3 통계자료의 정리방안을 구상할 수 있다.(도수분포)
	3.4 통계자료를 도표화 할 수 있다.
	3.5 기초통계분석을 할 수 있다.(대표값, 분포)
	【지식】 ㅇ 조사분석방법 ㅇ 표본조사 ㅇ 통계분석 ㅇ 장래인구추정 【기술】 ㅇ 스프래드시트 활용 ㅇ 기초통계분석 【태도】 ㅇ 의사소통능력

능력단위요소	수 행 준 거
	○ 문제해결능력 ○ 조직이해능력 ○ 분석적 사고능력
코드명a.4 **현장조사하기**	4.1 조사범위를 설정할 수 있다. 4.2 기본도를 준비할 수 있다. 4.3 조사항목과 조사방법을 파악할 수 있다. 4.4 조사결과의 정리방법을 결정할 수 있다. 4.5 사회경제활동 조사를 할 수 있다. 4.6 동선추적조사를 할 수 있다. 4.7 공간이용조사를 할 수 있다.
	【지식】 ○ 조사분석방법 　　　　 ○ 통계분석 　　　　 ○ 지역현황 【기술】 ○ 현황도면 작성 　　　　 ○ CAD 활용능력 　　　　 ○ GIS 활용능력 【태도】 ○ 의사소통능력 　　　　 ○ 문제해결능력 　　　　 ○ 조직이해능력 　　　　 ○ 분석적 사고능력
코드명a.5 **광역적현황 조사하기**	5.1 도시환경 구성요소 도출할 수 있다. 5.2 환경요소별 특성을 파악할 수 있다. 5.3 환경조사를 실시할 수 있다. 5.4 조사결과의 정리할 수 있다.

도시계획

능력단위요소	수 행 준 거
	5.5 주제별 도면 작성을 통한 문제점을 도출할 수 있다.
	5.6 지역의 환경특성을 도출할 수 있다.
	5.7 조사결과의 활용방안을 제시할 수 있다.
	【지식】 ○ 조사분석방법 ○ 토지이용계획 ○ 통계분석 ○ 정주모형 ○ 비교유추 【기술】 ○ 주제도 작성 ○ CAD 활용능력 ○ GIS 활용능력 【태도】 ○ 의사소통능력 ○ 문제해결능력 ○ 조직이해능력 ○ 분석적 사고능력
코드명a.6 대상지현황 조사하기	6.1 대상지 환경 구성요소를 도출할 수 있다.
	6.2 환경요소별 특성을 파악할 수 있다.
	6.3 미시환경 조사를 실시할 수 있다.
	6.4 조사결과를 정리할 수 있다.
	6.5 주제별 도면작성을 통한 문제점을 도출할 수 있다.
	6.6 대상지의 환경특성을 도출할 수 있다.
	6.7 조사결과의 활용방안을 제시할 수 있다.
	【지식】 ○ 조사분석방법 ○ 통계분석 ○ 토지이용계획

능력단위요소	수 행 준 거
	【기술】 ㅇ 주제도 작성 ㅇ CAD 활용능력 ㅇ GIS 활용능력 ㅇ 그래픽소프트웨어 활용능력(포토샵, 일러스트레이트 등) 【태도】 ㅇ 의사소통능력 ㅇ 문제해결능력 ㅇ 조직이해능력 ㅇ 분석적 사고능력
코드명a.7 설문조사하기	7.1 설문대상을 설정할 수 있다. 7.2 설문지를 작성할 수 있다. 7.3 모집단과 표본을 분석할 수 있다. 7.4 설문지의 배포 및 회수를 할 수 있다. 7.5 설문결과를 정리할 수 있다. 7.6 모집단 특성을 도출할 수 있다. 7.7 계획적 시사점을 도출할 수 있다. 【지식】 ㅇ 조사분석방법 ㅇ **통계분석** 【기술】 ㅇ 설문계획 및 실행 ㅇ 통계프로그래 【태도】 ㅇ 의사소통능력 ㅇ 문제해결능력 ㅇ 조직이해능력 ㅇ 분석적 사고능력

도시계획

◆ 작 업 상 황

고려사항

- 도시조사를 위한 시·공간적 범위를 제안하고, 조사의 목적 및 방법, 일정 등에 관한 조사계획을 수립할 수 있다.
- 도시조사를 위해 공·사기관의 통계자료나 연구자의 조사보고 등과 같은 현지조사자료 및 인용자료 등의 문헌자료를 수집하고 분석할 수 있다.
- 도시조사를 위해 현지조사 및 문헌자료를 통해 통계자료를 수집하고 얻은 통계자료를 정리 분석할 수 있다.
- 계획의 대상이 되는 지역의 물리적, 인문·사회적 현황을 도면이나 문헌자료 등을 통하여 조사하고 파악할 수 있다.
- 대상지역을 포함한 주변지역의 물리환경적 특성을 선행조사를 통해 얻은 결과를 파악하고 도면화하여 조사결과의 활용방안을 제시할 수 있다.
- 대상지역의 미시적인 환경특성을 파악하여 도면 작성을 통해 문제점을 도출한 후 조사결과의 활용방안을 제시할 수 있다.
- 현장조사를 보완하고 대상지의 계획수립과 관련한 주요사항을 일반인 또는 전문인 설문을 통해 조사·파악할 수 있다.

자료 및 관련서류

- 도시계획관련법령
- 통계프로그램 사용 매뉴얼
- CAD 사용 매뉴얼
- 그래픽디자인소프트웨어 사용 매뉴얼
- 설문조사지
- 도시계획론, 도시계획 및 단지계획, 도시개발론, 국토 및 지역계획, 도시계획 및 관계법규 관련 국내외의 인터넷사이트 학회지 및 연구자료 등

장비 및 도구(재료 포함)

- 컴퓨터 및 주변기기
- GIS
- 통계프로그램
- CAD 프로그램
- 카메라

- 그래픽디자인소프트웨어 활용능력(포토샵, 일러스트레이터 등)
- 녹음기
- 계산기
- 연필, 종이 등

◆ 평 가 지 침

평가방법

- 평가자는 이 능력단위의 수행준거에 제시되어 있는 내용을 평가하기 위해 이론과 실기를 나누어 평가하거나 종합적인 결과물의 평가 등 다양한 평가 방법을 사용할 수 있다.
- 피 평가자의 과정평가로는 다음의 평가 방법을 권장한다.
  - 일상적인 면담
  - 관찰기록모음
  - 학습 일지
  - 자기평가(구두 혹은 글)
  - 보고서
  - 행동점검표
- 피 평가자의 결과물 평가로는 다음의 평가 방법을 권장한다.
  - 과제진술과 채점기준이 있는 프로젝트, 포트폴리오
  - 교육생의 시범/연구, 조사결과물
  - 태도 점검표, 질문지
  - 선다형시험, 단답형 및 서술형 주관식시험 등

평가시 고려사항

- 평가자는 피 평가자가 수행준거 및 평가내용에 제시되어 있는 내용을 성공적으로 수행할 수 있는지를 평가해야 한다.
- 작업 수행과정을 면밀히 관찰하고 각 작업 수행과정에 따른 숙련도, 정밀도, 안전성 등을 공정하고 객관성 있게 평가하여야 한다.
- 평가자는 다음사항을 평가해야 한다.
  - 도시조사를 위한 조사계획 수립 능력
  - 문헌자료의 유형, 특성 파악 능력
  - 문헌자료를 통한 자료수집 능력

도시계획

Urban Planning

도시조사
- 도시계획관련법령과 연계성 검토 능력
- 기초 통계자료 분석 능력
- 분석한 통계자료 정리 능력
- 기본도 준비
- 조사항목과 조사방법 결정 능력
- 사회경제활동 조사 능력
- 동선추적조사 및 공간이용조사 능력
- 지역의 환경요소별 특성 파악 능력
- 주제별 문제점을 도출 능력
- 지역의 환경특성을 도출 능력
- 조사결과의 활용방안 제시 능력
- 대상지역의 환경요소별 특성 파악 및 도출 능력
- 주제별 문제점 도출 능력
- 조사결과의 활용방안 제시 능력
- 설문조사 설계 능력
- 설문결과 정리분석 능력
- 모집단 특성 도출 능력
- 계획적 시사점 도출 능력

도시계획

코드명 :

능력단위명 : 도시분석

능력단위 정의 : 이 능력단위는 자료정리 및 분석, 인구분석, 공간이용분석, 도시경제분석, 생태환경분석, 경관분석, 지구환경분석 등을 하는 능력이다.

능 력 단 위 요 소	수 행 준 거
코드명b.1 자료정리 및 분석하기	1.1 원자료를 집계 및 가공할 수 있다. 1.2 분석을 위한 도표를 작성할 수 있다. 1.3 분석 그래프를 작성할 수 있다. 1.4 분석 목적에 따른 주제도를 작성할 수 있다. 1.5 새로운 분석을 위한 자료를 관리할 수 있다. 1.6 데이터 유지관리방안을 마련할 수 있다. 1.7 GIS 데이터베이스를 구축할 수 있다.
	【지식】 ○ 조사분석방법 ○ 기술적 통계분석 【기술】 ○ 통계프로그램 ○ CAD 활용능력 ○ GIS 활용능력 【태도】 ○ 의사소통능력 ○ 문제해결능력 ○ 조직이해능력 ○ 분석적 사고능력
코드명b.2 인구분석하기	2.1 인구규모 및 인구성장을 분석할 수 있다. 2.2 연령별·성별 인구구조를 분석할 수 있다. 2.3 인구성장추세를 분석할 수 있다.

도시계획

능력단위요소	수 행 준 거
	2.4 인구이동 분석을 할 수 있다.
	2.5 인구분포 분석을 할 수 있다.
	2.6 인구밀도 분석을 할 수 있다.
	【지식】 ○ 조사분석방법 　　　　○ 토지이용계획 　　　　○ 통계분석 　　　　○ 비교유추 　　　　○ 정주모형 　　　　○ 취업인구에 따른 예측 【기술】 ○ 인구계획 　　　　○ CAD 활용능력 　　　　○ GIS 활용능력 【태도】 ○ 의사소통능력 　　　　○ 문제해결능력 　　　　○ 조직이해능력 　　　　○ 분석적 사고능력
코드명b.3 공간이용분석하기	3.1 토지이용현황을 분석할 수 있다. 3.2 건축물이용현황을 분석할 수 있다. 3.3 용도지역 지정현황 및 변경이력을 분석할 수 있다. 3.4 개발가능지, 정비대상지, 보존지역 등을 분석할 수 있다. 3.5 중심지 체계 분석을 할 수 있다.(도시공간구조분석) 3.6 용도별 집적도 분석을 할 수 있다.(용도혼합, 용도 순화)
	【지식】 ○ 조사분석방법 　　　　○ 기술통계분석

능력단위요소	수 행 준 거
	【기술】 ○ CAD 활용능력 　　　　○ GIS 활용능력 【태도】 ○ 의사소통능력 　　　　○ 문제해결능력 　　　　○ 조직이해능력 　　　　○ 분석적 사고능력
코드명b.4 도시경제 분석하기	4.1 산업구조 분석을 할 수 있다. 4.2 경제활용인구의 산업별 구성비 분석을 할 수 있다. 4.3 상권분석을 할 수 있다. 4.4 지가분석을 할 수 있다. 4.5 산업경제활동 분포분석을 할 수 있다. 【지식】 ○ 조사분석방법 　　　　○ 기술통계분석 　　　　○ 지역경제분석 　　　　○ 회귀모형 　　　　○ 회귀분석 【기술】 ○ 통계프로그램 활용 　　　　○ CAD 활용능력 　　　　○ GIS 활용능력 【태도】 ○ 의사소통능력 　　　　○ 문제해결능력 　　　　○ 조직이해능력 　　　　○ 분석적 사고능력
코드명b.5 생태환경분석하기	5.1 자연지형 분석을 할 수 있다. 5.2 수계 및 수문환경 분석을 할 수 있다. 5.3 생태자연환경 분석을 할 수 있다.

도시계획

능력단위요소	수행준거
	5.4 기후환경 분석을 할 수 있다.
	5.5 자연재해 분석을 할 수 있다.
	5.6 환경용량 분석을 할 수 있다.
	5.7 환경측면의 계획 착안점을 도출할 수 있다.
	【지식】 ㅇ 조사분석방법 ㅇ 통계분석 ㅇ 도시행태환경 【기술】 ㅇ 도면작성 ㅇ CAD 활용능력 ㅇ GIS 활용능력 【태도】 ㅇ 의사소통능력 ㅇ 문제해결능력 ㅇ 조직이해능력 ㅇ 분석적 사고능력
코드명b.6 경관분석하기	6.1 경관목표 및 경관특성을 파악할 수 있다.
	6.2 경관구조분석을 할 수 있다.
	6.3 경관실태분석을 할 수 있다.
	6.4 권역별 경관특성을 파악할 수 있다.
	6.5 경관관리지역을 도출할 수 있다.
	【지식】 ㅇ 도시의 경관구조 특성 ㅇ 조사분석방법 ㅇ 통계분석 【기술】 ㅇ 도면작성 및 분석 ㅇ CAD 활용능력 ㅇ GIS 활용능력 【태도】 ㅇ 의사소통능력

Urban Planning

도시분석

능력단위요소	수 행 준 거
	○ 문제해결능력 ○ 조직이해능력 ○ 분석적 사고능력
코드명b.7 여건 종합분석하기	7.1 대상지역의 부분별 특성을 분석할 수 있다. 7.2 각 부분의 분석내용을 종합 정리할 수 있다. 7.3 종합 정리된 내용을 도면화 할 수 있다. 7.4 종합분석을 통해 문제점을 도출할 수 있다. 【지식】 ○ 조사분석방법 　　　　○ 통계분석 【기술】 ○ 도면작성 및 분석 　　　　○ CAD 활용능력 　　　　○ GIS 활용능력 【태도】 ○ 의사소통능력 　　　　○ 문제해결능력 　　　　○ 조직이해능력 　　　　○ 분석적 사고능력

◆ 작 업 상 황

고려사항→각 성취수준

- 도시조사로 수집된 자료를 도표화, 도면화, 데이터베이스화하여 정리하고 분석할 수 있다.
- 도시의 성별, 인구구조별 특성을 분석하고, 장래인구 특성을 예상해 장래계획에 반영, 분석할 수 있다.
- 도시의 토지이용현황, 용도지역지구현황 등의 공간이용 현황과 특성을 분석할 수 있다.
- 도시의 산업경제구조 등과 같은 경제적 특성을 분석할 수 있다.
- 도시계획을 위한 도시의 생태환경적 특성을 분석해 계획지표로 활용할 수 있다.

도시계획

- 도시의 물리적 환경분석을 통한 경관적 특성을 파악하고 분석해 도시계획에 반영할 수 있다.
- 대상지역의 물리적 환경 및 사회, 경제, 문화적 특성을 종합적으로 파악하고 도면작업을 통해 문제점을 분석, 도출할 수 있다.

자료 및 관련서류

- 도시계획관련법령
- 통계프로그램 사용 매뉴얼
- CAD 사용 매뉴얼
- 도시계획론, 도시계획 및 단지계획, 도시개발론, 국토 및 지역계획, 도시계획 및 관계법규 관련 국내외의 인터넷사이트 학회지 및 연구자료 등

장비 및 도구(재료 포함)

- 컴퓨터 및 주변기기
- GIS
- 통계프로그램
- CAD 등 도면작성 프로그램
- 카메라
- 연필, 종이 등

◆ 평 가 지 침

평가방법

- 평가자는 이 능력단위의 수행준거에 제시되어 있는 내용을 평가하기 위해 이론과 실기를 나누어 평가하거나 종합적인 결과물의 평가 등 다양한 평가 방법을 사용할 수 있다.
- 피 평가자의 과정평가로는 다음의 평가 방법을 권장한다.
  - 일상적인 면담
  - 관찰기록모음
  - 학습 일지
  - 자기평가(구두 혹은 글)
  - 보고서
  - 행동점검표

- 피 평가자의 결과물 평가로는 다음의 평가 방법을 권장한다.
    - 과제진술과 채점기준이 있는 프로젝트, 포트폴리오
    - 교육생의 시범/연구, 조사결과물
    - 태도 점검표, 질문지
    - 선다형시험, 단답형 및 서술형 주관식시험 등

평가시 고려사항

- 평가자는 피 평가자가 수행준거 및 평가내용에 제시되어 있는 내용을 성공적으로 수행할 수 있는지를 평가해야 한다.
- 작업 수행과정을 면밀히 관찰하고 각 작업 수행과정에 따른 숙련도, 정밀도, 안전성 등을 공정하고 객관성 있게 평가하여야 한다.
- 평가자는 다음사항을 평가해야 한다.
    - 원 자료의 집계 및 가공 능력
    - 데이터 유지보수 능력
    - GIS 데이터베이스 구축 능력
    - 인구규모, 구조, 분포 분석 능력
    - 인구성장추세 및 이동분석 능력
    - 인구 밀도 분석 능력
    - 개발가능지, 정비대상지, 보존지역 등을 분석 능력
    - 산업구조분석 능력
    - 상권 및 지가분석 능력
    - 공간분포분석 능력
    - 생태자연환경 분석 능력
    - 환경용량의 분석
    - 환경측면의 계획 착안점 도출 능력
    - 경관구조분석 능력
    - 권역별 경관특성 파악 능력
    - 경관관리지역 도출 능력
    - 부문별특성 분석 능력
    - 종합정리 및 문제점 도출 능력

도시계획

코드명 :

능력단위명 : 계획목표 수립

능력단위 정의 : 이 능력단위는 계획목표에 대한 전반적인 이해, 다양한 계획목표 검토, 계획대상에 적합한 계획목표 설정, 세부 계획목표 정리 및 피드백, 계획목표 확정 등을 하는 능력이다.

능력단위요소	수 행 준 거
코드명c.1 계획목표 수립에 대한 전반적인 이해하기	1.1 계획목표를 파악할 수 있다. 1.2 계획의 위계를 확인할 수 있다. 1.3 조사분석 결과를 검토할 수 있다. 1.4 문제점과 잠재력을 파악할 수 있다. 1.5 계획전반에 대한 이해를 도모할 수 있다. 1.6 상위/관련계획을 검토할 수 있다.

	【지식】 ○ 계획위계의 이해
	      ○ 조사분석 결과의 활용
	【기술】 ○ 종합적인 상황인식 능력
	【태도】 ○ 의사소통능력
	      ○ 문제해결능력
	      ○ 조직이해능력
	      ○ 분석적 사고능력

코드명c.2 다양한 계획목표의 검토하기	2.1 다양한 계획목표를 검토할 수 있다. 2.2 상위계획과의 정합성을 확인할 수 있다. 2.3 계획목표별 적용방안을 검토할 수 있다. 2.4 대상지에 적합한 계획목표를 선정할 수 있다. 2.5 부적합한 계획목표 삭제 및 피드백 할 수 있다.

능력단위요소	수 행 준 거
	【지식】 ○ 관련문헌 검토 ○ 자료분석 ○ 검토결과의 적용 ○ 각종계획(토지이용, 교통, 도시기반시설, 공원 녹지) 【기술】 ○ 종합적 분석능력 【태도】 ○ 의사소통능력 ○ 문제해결능력 ○ 조직이해능력 ○ 분석적 사고능력
코드명c.3 계획대상에 적합한 계획목표 설정하기	3.1 세부계획목표의 유형 파악할 수 있다. 3.2 세부계획목표의 특성 파악할 수 있다. 3.3 세부계획목표에 대한 평가분석을 할 수 있다. 3.4 조사분석 결과와의 일관성 분석을 할 수 있다. 3.5 세부계획목표를 확정할 수 있다.
	【지식】 ○ 조사분석방법 ○ 평가 및 분석 ○ 각종계획(토지이용, 교통, 도시기반시설, 공원 녹지) 【기술】 ○ 종합적인 목표 설정능력 【태도】 ○ 의사소통능력 ○ 문제해결능력 ○ 조직이해능력 ○ 분석적 사고능력
코드명c.4 세부계획목표의 정리 및 피드백하기	4.1 세부계획목표간 일관성을 검토할 수 있다. 4.2 계획목표간 상층의 조정방안을 모색할 수 있다. 4.3 피드백에 통해 계획목표를 수정 보완할 수 있다. 4.4 수정된 계획목표를 검토할 수 있다.

도시계획

Urban Planning

능력단위요소	수 행 준 거

	【지식】 o 계획과정분석
	         o 피드백과정
	【기술】 o 종합적인 문제조정능력
	【태도】 o 의사소통능력
	         o 문제해결능력
	         o 조직이해능력
	         o 분석적 사고능력

코드명c.5
계획목표의 확정하기
	5.1 도출된 계획목표를 정리할 수 있다.
	
	5.2 계획목표를 부문별·유형별로의 체계화할 수 있다.
	
	5.3 계획목표를 최종 확정할 수 있다.
	
	【지식】 o 조사분석방법
	         o 개념별 유형화작업
	【기술】 o 개념도 및 Diagram
	【태도】 o 의사소통능력
	         o 문제해결능력
	         o 조직이해능력
	         o 분석적 사고능력

계획목표수립

◆ 작 업 상 황

고려사항

- 도시계획 목표 및 특성 파악을 통해 후보지를 선정하고 장단점을 분석하여 적합한 대상지를 선정할 수 있다.
- 계획의 상·하위 다양한 목표를 검토할 수 있다.
- 계획목표에 부합하며 단위행동 주체별로 실행이 가능한 구체적인 세부계획목표를 수립할 수 있다.
- 계획 단계별로 상충되는 부적절한 결과를 계획주체 및 계획 요소들간의 지속적인 환류과정을 통해 수정·보완할 수 있다.
- 도출된 계획목표를 부문별·유형별로 체계화하여 적합한 계획목표를 최종 확정할 수 있다.

도시계획

자료 및 관련서류

- 도시계획관련법령
- 각종계획(토지이용, 교통, 도시기반시설, 공원녹지)
- 도시계획론, 도시계획 및 단지계획, 도시개발론, 국토 및 지역계획, 도시계획 및 관계법규 관련 국내외의 인터넷사이트 학회지 및 연구자료 등

장비 및 도구(재료 포함)

- 컴퓨터 및 주변기기
- 계산기
- 도면
- 필기구 등

◆ 평 가 지 침

평가방법

- 평가자는 이 능력단위의 수행준거에 제시되어 있는 내용을 평가하기 위해 이론과 실기를 나누어 평가하거나 종합적인 결과물의 평가 등 다양한 평가 방법을 사용할 수 있다.
- 피 평가자의 과정평가로는 다음의 평가 방법을 권장한다.
  - 일상적인 면담
  - 관찰기록모음
  - 학습 일지
  - 자기평가(구두 혹은 글)
  - 보고서
  - 행동점검표
- 피 평가자의 결과물 평가로는 다음의 평가 방법을 권장한다.
  - 과제진술과 채점기준이 있는 프로젝트, 포트폴리오
  - 교육생의 시범/연구, 조사결과물
  - 태도 점검표, 질문지
  - 선다형시험, 단답형 및 서술형 주관식시험 등

도시계획

평가시 고려사항

- 평가자는 피 평가자가 수행준거 및 평가내용에 제시되어 있는 내용을 성공적으로 수행할 수 있는지를 평가해야 한다.
- 작업 수행과정을 면밀히 관찰하고 각 작업 수행과정에 따른 숙련도, 정밀도, 안전성 등을 공정하고 객관성 있게 평가하여야 한다.
- 평가자는 다음사항을 평가해야 한다.
  - 계획목표와 위계에 대한 이해 능력
  - 조사분석 결과 검토 능력
  - 계획목표별 적용방안 검토 능력
  - 대상지에 적합한 계획목표 검토 능력
  - 세부계획목표의 유형 및 특성 파악 능력
  - 세부계획목표에 대한 평가분석 능력
  - 계획목표간 상충의 조정방안 모색 능력
  - 피드백을 통해 계획목표 수정·보완 능력
  - 계획목표를 부문별·유형별 체계화 할 수 있는 능력
  - 계획목표 최종 확정 능력

코드명 :
능력단위명 : 도시계획 수립
능력단위 정의 : 이 능력단위는 계획대상지 및 범위 선정, 계획목표에 따른 개념설정, 기본구상 및 부문별 구상, 대안 작성 및 선정, 기본계획 및 부문별 계획의 작성, 계획과정상의 피드백, 최종 계획의 수립 및 확정을 할 수 있는 능력이다.

능력단위요소	수 행 준 거
코드명d.1 계획대상지 및 범위 선정하기	1.1 계획목표 및 특성을 파악할 수 있다. 1.2 예비후보지를 선정할 수 있다. 1.3 후보지별 장단점을 분석할 수 있다. 1.4 분석결과를 정리할 수 있다. 1.5 계획목표와의 적합성을 확인할 수 있다. 1.6 계획대상지역을 확정할 수 있다.
	【지식】 ○ 각종 조사분석방법 ○ 기술통계분석 【기술】 ○ 통계 프로그래밍 ○ CAD 활용능력 ○ GIS 활용능력 【태도】 ○ 의사소통능력 ○ 문제해결능력 ○ 조직이해능력 ○ 분석적 사고능력
코드명d.2 계획개념 설정하기	2.1 계획목표의 적합성을 확인할 수 있다. 2.2 사회경제적 여건을 분석하고 예측할 수 있다. 2.3 공간적 기능에 대한 분석을 할 수 있다.

도시계획

능력단위요소	수 행 준 거
	2.4 계획목표를 피드백할 수 있다.
	2.5 대상지의 계획목표를 확정할 수 있다.
	【지식】 ○ 조사분석방법 ○ 인구 및 상권분석 ○ 통계분석 ○ 새로운 도시계획 개념 【기술】 ○ 각종 통계데이터 활용능력 ○ CAD 활용능력 ○ GIS 활용능력 【태도】 ○ 의사소통능력 ○ 문제해결능력 ○ 조직이해능력 ○ 분석적 사고능력
코드명d.3 기본구상 및 부문별 구상하기	3.1 계획목표를 검토할 수 있다. 3.2 대안의 모색/평가/선정을 할 수 있다. 3.3 기본구상을 할 수 있다. 3.4 부문별 구상을 할 수 있다.
	【지식】 ○ 조사분석결과의 활용방안 ○ 통계분석기법 【기술】 ○ 통계프로그램 ○ CAD 활용능력 ○ GIS 활용능력 【태도】 ○ 의사소통능력 ○ 문제해결능력 ○ 조직이해능력 ○ 분석적 사고능력
코드명d.4 대안작성 및 선정하기	4.1 대안 선정방법을 모색할 수 있다.

능력단위요소	수 행 준 거
	4.2 전체 및 계획 단위별 대안을 검토할 수 있다.
	4.3 대안을 모색할 수 있다.
	4.4 대안을 평가할 수 있다.
	4.5 대안을 선정할 수 있다.
	【지식】 ○ 대안평가방안 ○ 통계분석기법 【기술】 ○ 통계프로그램 ○ CAD 활용능력 ○ GIS 활용능력 【태도】 ○ 의사소통능력 ○ 문제해결능력 ○ 조직이해능력 ○ 분석적 사고능력
코드명d.5 기본계획 및 부문별 계획의 작성하기	5.1 기본계획을 정리할 수 있다.
	5.2 토지이용부문 계획을 작성할 수 있다.
	5.3 교통 및 동선 체계 부문계획을 작성할 수 있다.
	5.4 오픈스페이스 부문계획을 작성할 수 있다.
	5.5 기타 부문별계획을 작성할 수 있다.
	【지식】 ○ 도면작성 ○ 프리젠테이션기법 ○ 각종계획(토지이용, 교통, 도시기반시설, 공원 녹지) 【기술】 ○ CAD 활용능력 ○ GIS 활용능력 【태도】 ○ 의사소통능력 ○ 문제해결능력

도시계획

능력단위요소	수 행 준 거
	○ 조직이해능력 ○ 분석적 사고능력
코드명d.6 계획의 피드백하기	6.1 부문별 계획간 일관성을 검토할 수 있다. 6.2 세부계획간 상충의 조정방안을 모색할 수 있다. 6.3 피드백에 의한 수정보완을 할 수 있다. 6.4 수정된 계획안을 작성할 수 있다. 【지식】 ○ 도면작성 　　　　○ 프리젠테이션기법 【기술】 ○ CAD/3D Max 활용능력 　　　　○ GIS 활용능력 【태도】 ○ 의사소통능력 　　　　○ 문제해결능력 　　　　○ 조직이해능력 　　　　○ 분석적 사고능력
코드명d.7 최종계획의 수립 및 확정하기	7.1 부문별 기본계획을 확정할 수 있다. 7.2 단계별 집행계획을 수립할 수 있다. 7.3 행·재정계획을 수립할 수 있다. 7.4 최종계획안을 확정할 수 있다. 【지식】 ○ 도면작성 　　　　○ 프리젠테이션기법 【기술】 ○ CAD/3D Max 활용능력 　　　　○ GIS 활용능력 【태도】 ○ 의사소통능력 　　　　○ 문제해결능력 　　　　○ 조직이해능력 　　　　○ 분석적 사고능력

도시계획

Urban Planning

◆ 작업상황

고려사항

- 도시계획 목표 및 특성 파악을 통해 후보지를 선정하고 장단점을 분석하여 적합한 대상지를 선정할 수 있다.
- 도시계획 대상지에 경제적·공간적으로 적합한 계획목표를 설정하고 분석할 수 있다.
- 설정된 목표에 따라 대안의 모색/평가/선정을 한 후 계획의 지침과 방향을 작성할 수 있다.
- 계획과정에서 전체 및 계획 단위별 합리적인 대안을 모색하고 선택할 수 있다.
- 선정된 대안에 대해 기본계획, 토지이용계획, 교통 및 동선계획, 오픈스페이스계획, 기타 부문별계획 등의 구체적인 계획을 작성할 수 있다.
- 계획수립과정에서 부문별계획, 세부계획간 피드백을 도입하여 수정·보완할 수 있다.
- 도시계획과정을 거쳐 부문별, 단계별 계획과 행·재정계획을 수립하고 확정할 수 있다.

도시계획수립

자료 및 관련서류

- 도시계획관련법령
- 통계프로그램 사용 매뉴얼
- 통계분석기법 매뉴얼
- 각종계획(토지이용, 교통, 도시기반시설, 공원 녹지)
- 도시계획론, 도시계획 및 단지계획, 도시개발론, 국토 및 지역계획, 도시계획 및 관계법규 관련 국내외의 인터넷사이트 학회지 및 연구자료 등

장비 및 도구(재료 포함)

- 컴퓨터 및 주변기기
- 도면
- 패널
- 통계프로그램

◆ 평가지침

평가방법

- 평가자는 이 능력단위의 수행준거에 제시되어 있는 내용을 평가하기 위해 이론과 실

기를 나누어 평가하거나 종합적인 결과물의 평가 등 다양한 평가 방법을 사용할 수 있다.
- 피 평가자의 과정평가로는 다음의 평가 방법을 권장한다.
  - 일상적인 면담
  - 관찰기록모음
  - 학습 일지
  - 자기평가(구두 혹은 글)
  - 보고서
  - 행동점검표
- 피 평가자의 결과물 평가로는 다음의 평가 방법을 권장한다.
  - 과제진술과 채점기준이 있는 프로젝트, 포트폴리오
  - 교육생의 시범/연구, 조사결과물
  - 태도 점검표, 질문지
  - 선다형시험, 단답형 및 서술형 주관식시험 등

평가시 고려사항

- 평가자는 피 평가자가 수행준거 및 평가내용에 제시되어 있는 내용을 성공적으로 수행할 수 있는지를 평가해야 한다.
- 작업 수행과정을 면밀히 관찰하고 각 작업 수행과정에 따른 숙련도, 정밀도, 안전성 등을 공정하고 객관성 있게 평가하여야 한다.
- 평가자는 다음사항을 평가해야 한다.
  - 예비 후보지 선정 및 장단점 분석
  - 계획대상지역 확정
  - 사회경제적 여건 분석 및 예측
  - 공간적 기능에 대한 분석
  - 대상지의 계획목표 확정
  - 대안의 모색/평가/선정
  - 기본구상, 부분별 구상
  - 대안의 모색/평가/선정 능력
  - 기본계획 및 부문별계획 수립 능력
  - 부문별 계획간 일관성을 검토
  - 피드백에 의한 수정보완 작성 능력
  - 단계별 집행계획 수립
  - 행·재정계획 수립
  - 최종 계획안 완성

코드명 :
능력단위명 : 도시계획 실행
능력단위 정의 : 이 능력단위는 지역지구제 실행, 지구단위계획 실행, 재원조달계획 수립, 도시계획시설사업 실행, 도시개발사업 실행 등을 하는 능력이다.

능력단위요소	수행준거
코드명e.1 지역지구제 실행하기	1.1 도시관리계획안을 입안할 수 있다. 1.2 주민 및 지방의회 의견을 청취할 수 있다. 1.3 도시관리계획을 결정 요청할 수 있다. 1.4 도시계획위원회 심의를 요청할 수 있다. 1.5 도시계획 결정 및 고시를 할 수 있다.
	【지식】 ㅇ 용도지역, 지구, 구역에 대한 지식 ㅇ 도시계획 결정 과정에 대한 지식 【기술】 ㅇ 도시계획 도면 작성 【태도】 ㅇ 의사소통능력 ㅇ 문제해결능력 ㅇ 조직이해능력 ㅇ 분석적 사고능력
코드명e.2 지구단위계획 실행하기	2.1 지구단위계획을 작성할 수 있다. 2.2 주민 의견을 청취할 수 있다. 2.3 지구단위계획을 결정 요청할 수 있다. 2.4 도시계획위원회 심의를 요청할 수 있다. 2.5 지구단위계획을 결정 및 고시할 수 있다.
	【지식】 ㅇ 1종, 2종 지구단위계획에 대한 지식 ㅇ 도시계획 결정 과정에 대한 지식

도시계획

Urban Planning

도시계획실행

능력단위요소	수 행 준 거
	【기술】 ο 지구단위계획 수립 관련 기술 【태도】 ο 의사소통능력 ο 문제해결능력 ο 조직이해능력 ο 분석적 사고능력
코드명e.3 재원조달계획 수립하기	3.1 지방재정 현황, 수요를 분석할 수 있다. 3.2 관련 법규를 검토할 수 있다. 3.3 재원조달 방안을 검토할 수 있다. 3.4 투자계획을 수립할 수 있다. 3.5 예산확보를 요청할 수 있다. 3.6 투자심사를 요청할 수 있다.
	【지식】 ο 지방재정 관련 지식 ο 투, 융자 제도 관련 지식 ο 투자사업 결정 과정에 대한 지식 【기술】 ο 투자사업계획 관련 기술 【태도】 ο 의사소통능력 ο 문제해결능력 ο 조직이해능력 ο 분석적 사고능력
코드명e.4 도시계획시설사업 실행하기	4.1 도시계획시설을 결정할 수 있다. 4.2 단계별 집행계획을 수립할 수 있다. 4.3 실시계획 작성 및 인가를 요청할 수 있다. 4.4 사업을 시행할 수 있다. 【지식】 ο 도시계획시설에 대한 지식

능력단위요소	수행준거
	○ 도시계획시설사업의 절차에 대한 지식 【기술】 ○ 실시계획 수립 관련 기술 【태도】 ○ 의사소통능력 ○ 문제해결능력 ○ 조직이해능력 ○ 분석적 사고능력
코드명e.5 도시개발사업 실행하기	5.1 도시개발구역 지정 및 개발계획을 수립할 수 있다. 5.2 도시정비계획을 수립할 수 있다. 5.3 도사계획시설사업 실시계획을 수립할 수 있다. 5.4 개발사업, 정비사업을 시행할 수 있다. 【지식】 ○ 도시개발사업에 대한 지식 ○ 도시정비사업에 대한 지식 ○ 사업추진 절차에 대한 지식 【기술】 ○ 도시개발계획, 정비계획 수립 관련 기술 【태도】 ○ 의사소통능력 ○ 문제해결능력 ○ 조직이해능력 ○ 분석적 사고능력

◆ 작업상황

고려사항→각 성취수준

- 도시관리계획안을 수립한 후 도시계획 결정과정을 거쳐 지역지구제를 실행할 수 있다.
- 지구단위계획안을 수립한 후 도시계획 결정과정을 따라 지구단위계획을 실행할 수 있다.
- 지방재정 현황과 행·재정 수요를 전망한 후 투자 및 재원조달계획을 수립할 수 있다.

도시계획

Urban Planning

- 도시계획시설을 결정한 후 단계별 집행계획 수립, 실시계획 작성 및 인가 등 일련의 절차를 통해 사업을 실행할 수 있다.
- 도시개발구역 지정 및 개발계획을 수립하고 개발사업, 정비사업을 집행할 수 있다.

자료 및 관련서류

- 도시계획관련법령
- 도시개발사업 및 도시정비사업 지침
- 투·융자관련 지침
- 도시계획론, 도시계획 및 단지계획, 도시개발론, 국토 및 지역계획, 도시계획 및 관계법규 관련 국내외의 인터넷사이트 학회지 및 연구자료 등

도시
계획
실행

장비 및 도구(재료 포함)

- 컴퓨터 및 주변기기
- 통계프로그램
- 계산기
- 도면
- 패널

◆ 평 가 지 침

평가방법

- 평가자는 이 능력단위의 수행준거에 제시되어 있는 내용을 평가하기 위해 이론과 실기를 나누어 평가하거나 종합적인 결과물의 평가 등 다양한 평가 방법을 사용할 수 있다.
- 피 평가자의 과정평가로는 다음의 평가 방법을 권장한다.
  - 일상적인 면담
  - 관찰기록모음
  - 학습 일지
  - 자기평가(구두 혹은 글)
  - 보고서
  - 행동점검표
- 피 평가자의 결과물 평가로는 다음의 평가 방법을 권장한다.

- 과제진술과 채점기준이 있는 프로젝트, 포트폴리오
- 교육생의 시범/연구, 조사결과물
- 태도 점검표, 질문지
- 선다형시험, 단답형 및 서술형 주관식시험 등

평가시 고려사항

- 평가자는 피 평가자가 수행준거 및 평가내용에 제시되어 있는 내용을 성공적으로 수행할 수 있는지를 평가해야 한다.
- 작업 수행과정을 면밀히 관찰하고 각 작업 수행과정에 따른 숙련도, 정밀도, 안전성 등을 공정하고 객관성 있게 평가하여야 한다.
- 평가자는 다음사항을 평가해야 한다.
  - 도시관리계획 절차 이해도
  - 지구단위계획 절차 이해도
  - 합리적 의견 조율 능력
  - 지방재정 현황과 행·재정 수요 전망
  - 투자 및 재원조달계획 수립
  - 도시계획시설 결정
  - 단계별 집행계획 수립 및 시행
  - 도시개발구역 지정 및 개발계획 수립
  - 개발사업, 정비사업 집행

도시계획

코드명 :

능력단위명 : 도시계획 평가

능력단위 정의 : 이 능력단위는 계획 평가방법 선택, 비용편익분석, 다면/종합평가 수행 등을 하는 능력이다.

능력단위요소	수 행 준 거
코드명f.1 계획 평가방법 선택하기	1.1 계획 목적의 적절성을 검토할 수 있다. 1.2 결과의 신뢰성을 검토할 수 있다. 1.3 실행의 타당성을 검토할 수 있다. 1.4 지역주민의 수용성을 검토할 수 있다.
	【지식】 ○ 평가대상 도시계획에 대한 지식 　　　　 ○ 평가방법과 관련된 지식 【기술】 ○ 종합적 평가능력 【태도】 ○ 의사소통능력 　　　　 ○ 문제해결능력 　　　　 ○ 조직이해능력 　　　　 ○ 분석적 사고능력
코드명f.2 비용편익분석 수행하기	2.1 비용항목을 결정 및 산정할 수 있다. 2.2 편익항목을 결정 및 산정할 수 있다. 2.3 의사결정 기준을 선택할 수 있다. 2.4 비용편익분석을 수행할 수 있다.
	【지식】 ○ 비용편익분석에 대한 지식 　　　　 ○ 도시계획사업에 대한 지식 【기술】 ○ 스프레드시트 사용과 관련된 기술 【태도】 ○ 의사소통능력 　　　　 ○ 문제해결능력 　　　　 ○ 조직이해능력 　　　　 ○ 분석적 사고능력

능력단위요소	수행준거
코드명f.3 다면/종합평가 수행하기	3.1 다면적 평가법을 적용할 수 있다. 3.2 종합적 평가법을 적용할 수 있다. 【지식】 o 평가대상 도시계획사업에 대한 지식 　　　　 o 평가방법과 관련된 지식 【기술】 o 스프레드쉬트 사용과 관련된 기술 【태도】 o 의사소통능력 　　　　 o 문제해결능력 　　　　 o 조직이해능력 　　　　 o 분석적 사고능력

◆ 작업상황

고려사항→각 성취수준

- 도시계획 평가와 관련된 다양한 방법 중에서 최적의 방법을 선택할 수 있다.
- 도시계획사업의 비용편익분석을 수행할 수 있다.
- 도시계획 전반에 대한 다면적/종합적 평가를 수행할 수 있다.

자료 및 관련서류

- 도시계획관련법령
- 비용편익분석기준
- 다면/종합평가지침
- 도시계획론, 도시계획 및 단지계획, 도시개발론, 국토 및 지역계획, 도시계획 및 관계법규 관련 국내외의 인터넷사이트 학회지 및 연구자료 등

장비 및 도구(재료 포함)

- 컴퓨터 및 주변기기
- 통계프로그램

도시계획

◆ 평가지침

평가방법

- 평가자는 이 능력단위의 수행준거에 제시되어 있는 내용을 평가하기 위해 이론과 실기를 나누어 평가하거나 종합적인 결과물의 평가 등 다양한 평가 방법을 사용할 수 있다.
- 피 평가자의 과정평가로는 다음의 평가 방법을 권장한다.
  - 일상적인 면담
  - 관찰기록모음
  - 학습 일지
  - 자기평가(구두 혹은 글)
  - 보고서
  - 행동점검표
- 피 평가자의 결과물 평가로는 다음의 평가 방법을 권장한다.
  - 과제진술과 채점기준이 있는 프로젝트, 포트폴리오
  - 교육생의 시범/연구, 조사결과물
  - 태도 점검표, 질문지
  - 선다형시험, 단답형 및 서술형 주관식시험 등

평가시 고려사항

- 평가자는 피 평가자가 수행준거 및 평가내용에 제시되어 있는 내용을 성공적으로 수행할 수 있는지를 평가해야 한다.
- 작업 수행과정을 면밀히 관찰하고 각 작업 수행과정에 따른 숙련도, 정밀도, 안전성 등을 공정하고 객관성 있게 평가하여야 한다.
- 평가자는 다음사항을 평가해야 한다.
  - 계획목적 적절성 지역주민의 수용성 검토 능력
  - 실행의 타당성, 결과의 신뢰성 검토 능력
  - 비용편익분석 능력
  - 다면적 평가 및 종합적 평가 능력

<부 록>

■ 도시계획직종 직무구조도

책무 (Duty)	작업 (Task)			
A 도시조사	A-1 조사계획수립하기	A-2 문헌자료조사하기	A-3 통계자료조사하기	A-4 현장조사하기
	A-5 광역적현황조사하기	A-6 대상지현황조사하기	A-7 설문조사하기	
B 도시분석	B-1 자료정리 및 분석하기	B-2 인구분석하기	B-3 공간이용분석하기	B-4 도시경제분석하기
	B-5 생태환경분석하기	B-6 경관분석하기	B-7 여건종합분석하기	
C 계획목표 수립	C-1 계획목표수립에 대한 전반적인 이해하기	C-2 다양한 계획목표의 검토하기	C-3 계획대상에 적합한 계획목표 설정하기	C-4 세부계획목표의 정리 및 피드백하기
	C-5 계획목표의 확정하기			
D 도시계획 수립	D-1 계획대상지 및 범위 선정하기	D-2 계획개념설정하기	D-3 기본구상 및 부문별 구상하기	D-4 대안 작성 및 선정하기
	D-5 기본계획 및 부문별 계획의 작성하기	D-6 계획의 피드백하기	D-7 최종계획의 수립 및 확정하기	
E 도시계획 실행	E-1 지역지구제 실행하기	E-2 지구단위계획 실행하기	E-3 재원조달계획 수립하기	E-4 도시계획시설사업 실행하기
	E-5 도시개발사업 실행하기			
F 도시계획 평가	F-1 계획 평가방법 선택하기	F-2 비용편익분석 수행하기	F-3 다면/종합평가 수행하기	

NCS개발 서식을 활용한
(응용지질)직종 직무분석
(Applied Geology)

2012. 4

응용지질 능력단위군

□ 응용지질 직무의 정의

응용지질은 지각에 대한 조사자료 등 각종 정보를 활용하여 관련 현장에 필요한 지질 및 지반자료의 획득 및 분석, 지하자원에 대한 탐사, 개발 및 자료분석, 지질재해의 예측 및 분석, 지하수의 거동 분석 등에 대한 업무를 수행하는 일이다.

□ 응용지질 직무의 능력단위

능력단위군	코드명	능력단위명	페이지
응용지질		지질자료 획득 및 분석	89
		지하자원탐사 및 개발	96
		지반해석 및 재해대책	102

코드명 :
능력단위명 : 지질자원 획득 및 분석
능력단위 정의 : 이 능력단위는 광물 및 암석의 이해, 실내시험의 이해 및 응용, 지하수 조사 및 분석, 현장조사의 이해 및 분석, 지반의 기본물성과 광학적 분류 이해, 지질구조의 특성을 분류할 수 있는 능력이다.

능력단위요소	수 행 준 거
코드명a.1 광물 및 암석의 이해하기	1.1 입자 크기가 큰 광물에 대해 육안 관찰 및 루페 등의 간이 장비를 통해 주요 광물을 판별할 수 있다. 1.2 편광 현미경을 통하여 광물을 판별할 수 있다. 1.3 제반 암석의 광물-암석학적 특성에 따른 물리적, 역학적 특성을 연관지어 이해할 수 있다. 1.4 암석에 대한 지질학적인 분류와 공학적인 분류를 이해하고 연관성을 규명할 수 있다. 1.5 암석의 풍화 변질에 따른 특성 및 광물의 변화과정을 이해할 수 있다
	【지식】 ○ 광물의 분류 및 구조적 특성 ○ 광물의 결정학적 구조, 광물의 물리적 및 역학적 특성 【기술】 ○ 암석의 구성광물, 조직, 산출 상태 등에 대한 이해 ○ 암석의 지질학적 분류와 공학적 분류와의 상관관계 이해 【기술】 ○ 편광현미경 관찰을 통한 광물 판별 ○ 암석의 분류 【태도】 ○ 분석적 사고능력 ○ 문제해결능력
코드명a.2 실내시험의 이해 및 응용하기	2.1 지질 및 지반조사와 관련한 세부 실내시험 이론 및 방법을 이해하고 있다.

응용지질

능력단위요소	수행준거
	2.2 실내시험 기기와 종류 및 사용법을 알고 있다.
	2.3 실내시험 결과 자료를 분석하고 해석할 수 있다.
	2.4 현장조사결과와 실내시험 결과의 차이를 알고 있다.
	2.5 다양한 실내시험 결과들을 통합 분석할 수 있다.
	2.6 실내시험 분석 결과를 바탕으로 향후 조사 및 사업 계획을 수립할 수 있다.
	【지식】 ○ 실내시험 이론 및 방법의 이해 ○ 실내시험기기 분석방법 및 결과 분석에 대한 이해 【기술】 ○ 실내시험기 운용 능력 ○ 관련 소프트웨어의 운용 【태도】 ○ 분석적 사고능력 ○ 문제해결능력
코드명a.3 탐사의 원리 및 적용하기	3.1 현장여건에 따라 적합한 물리탐사법을 적용할 수 있다.
	3.2 원격탐사를 통해 예상할 수 있는 광상의 종류를 나열할 수 있다.
	3.3 에너지 및 자원개발에 적합한 탐사방법과 수행과정을 기술할 수 있다.
	3.4 수자원 개발에 적합한 탐사방법과 수행과정을 기술할 수 있다.
	3.5 건설현장 등에 적합한 탐사방법과 수행과정을 기술할 수 있다.
	【지식】 ○ 지구물리탐사의 특징과 세부탐사별 특성 이해 ○ 지구화학탐사의 특징과 세부탐사별 특성 이해

능력단위요소	수 행 준 거
	【기술】 ○ 지화학탐사 및 물리탐사결과 해석 【태도】 ○ 분석적 사고능력 ○ 문제해결능력
코드명a.4 지하수 조사 및 분석하기	4.1 대수층의 종류 및 특성을 이해할 수 있다. 4.2 지하수 개발을 위한 조사 및 분석 방법을 기술할 수 있다. 4.3 지하수의 지하 거동 특성을 설명할 수 있다. 4.4 대수성 시험 등 지하수 자료를 해석할 수 있다. 4.5 정수두 및 변수두 투수시험을 통해 투수계수를 계산할 수 있다. 4.6 시추 결과를 기재할 수 있다.
	【지식】 ○ 암반의 풍화/변질, 구조, 강도, 암종 등에 대한 이해 ○ 절리면의 구조 및 상태를 나타내는 지수들에 대한 이해 【기술】 ○ 조사선 및 조사창 조사 【태도】 ○ 분석적 사고능력 ○ 문제해결능력
코드명a.5 현장조사의 이해 및 응용하기	5.1 지질 및 지반조사의 세부 현장조사 이론 및 방법을 숙지할 수 있다. 5.2 조사 목적에 맞는 현장조사 방법을 선택하고 자료를 획득할 수 있다. 5.3 현장조사와 관련한 공정별 세부 조사방법에 대해 알 수 있다. 5.4 현장조사를 통해 획득한 자료를 분석할 수 있다.

응용지질

능력단위요소	수 행 준 거
	5.5 다양한 현장조사 결과들을 통합 분석할 수 있다. 5.6 현장조사 분석 결과를 바탕으로 향후 조사 및 사업계획을 수립할 수 있다.
	【지식】 ○ 지질 및 지반(현장)조사 방법의 이해 ○ 지질 및 지반(현장)조사 결과의 분석방법에 대한 이해 【기술】 ○ 지질 및 지반조사 결과 해석 능력 ○ 관련 소프트웨어의 운용 【태도】 ○ 분석적 사고능력 ○ 문제해결능력
코드명a.6 지반의 기본 물성과 공학적 분류 이해하기	6.1 흙의 기본 물성과 그 측정방법에 대해 이해할 수 있다. 6.2 흙의 공학적인 분류법을 이해하고 분류를 수행할 수 있다. 6.3 암석의 기본 물성과 그 측정방법에 대해 이해할 수 있다. 6.4 암반분류법의 의미와 목적을 이해할 수 있다. 6.5 RAR 및 Q-system을 이용하여 공학적 암반분류를 수행할 수 있다.
	【지식】 ○ 흙과 암석의 기본 물성 및 표준시험방법 ○ 흙의 공학적 분류법 ○ 암반분류법 【기술】 ○ 표준시험방법에 의한 기본물성 측정 ○ 흙과 암반의 공학적 기재와 분류 【태도】 ○ 분석적 사고능력 ○ 문제해결능력

능력단위요소	수행준거
코드명a.7 지질구조 특성 분석하기	7.1 암석 내 형성된 지질구조요소를 이해하고 구분할 수 있다. 7.2 지질구조 요소에 대한 지구조적인 연관성에 따른 분류 및 특성을 이해할 수 있다. 7.3 습곡과 단층, 부정합 등의 다양한 변형작용을 받은 지역의 지층의 선, 후관계를 파악 및 지질도와 지질단면도를 해석할 수 있다. 7.4 층리, 엽리, 습곡, 단층 등의 다양한 지질구조요소들에 대한 지질공학적 특성을 이해할 수 있다. 7.5 지질구조와 광상의 형성 및 배태 특성 등을 이해할 수 있다.
	【지식】 ○ 지질구조요소의 종류 및 특성 파악 ○ 지층의 상하 및 선후관계 파악승강기개론, 설계, 기계, 전기공학 ○ 지질구조에 따른 지층의 지질공학적인 특성 이해 및 지하수, 광상 등의 응용지질학 분야와의 연관성 이해 【기술】 ○ 지질구조의 분류 【태도】 ○ 분석적 사고능력 ○ 문제해결능력

◆ 작업상황

고려사항

- 암석을 구성하는 주요광물을 판별할 수 있으며, 광물의 기본적인 특성을 이해할 수 있어야 한다.
- 지질 및 지반조사를 통해 획득한 시료의 적정한 실내시험 방법 및 결과를 분석할 수 있어야 한다.

응용지질

Applied Geology

- 에너지 자원, 수자원 및 건설 현장 등 여건에 따른 적정 탐사법을 적용할 수 있어야 한다.
- 지하수 개발을 위해 현장에서 자료 획득을 원활하게 할 수 있어야 한다.
- 조사 목적에 맞는 현장조사를 선택하고, 조사를 수행할 수 있어야 한다.
- 흙과 암반의 기본 물성과 공학적 분류방법을 이해할 수 있어야 한다.
- 암석 및 지층의 퇴적, 침식, 변형 및 변성 작용에 의해 형성된 지질구조요소에 대해 이해하고 지질도와 지질단면도 및 지질구조에 대한 특성을 분석할 수 있어야 한다.

자료 및 관련서류

지질자료획득 및 분석

- 물리탐사 등 실무지침서
- 지질 및 지반해석용 S/W 사용자 매뉴얼
- 지질 및 지형도
- 암석학 및 광물학, 구조지질학, 탐사공학, 지질공학, 광상학관련 국내외의 인터넷 사이트, 학회지 및 연구자료 등

장비 및 도구(재료 포함)

- 암석표본, 광물표품 / 박편, 루페, 편광현미경
- 물리탐사장비, 화학분석기기, 위성영상판독기, 항공사진판독기
- 점하중시험기, 일축압축시험기
- 실내시험기기 분석 소프트웨어, 지질 및 지반조사 소프트웨어
- 컴퓨터, 스프레드시트, 그래픽 소프트웨어(CAD)
- 지질해머, 슈미트해머, 클리노컴퍼스, 줄자, 기록지, 각도기, 확대경, 프로파일게이지, 시료상자(주머니), 필기구

◆ 평 가 지 침

평가방법

- 평가자는 이 능력단위의 수행준거에 제시되어 있는 내용을 평가하기 위해 이론과 실기를 나누어 평가하거나 종합적인 결과물의 평가 등 다양한 평가 방법을 사용할 수 있다.
- 피 평가자의 과정평가로는 다음의 평가 방법을 권장한다.

- 일상적인 면담
- **관찰기록모음**
- 학습 일지
- 자기평가(구두 혹은 글)
- **보고서**
- 행동점검표
- 피 평가자의 결과물 평가로는 다음의 평가 방법을 권장한다.
  - 과제진술과 채점기준이 있는 프로젝트, 포트폴리오
  - **교육생의 시범/연구, 조사결과물**
  - **태도 점검표, 질문지**
  - 선다형시험 등

평가시 고려사항

- 평가자는 피 평가자가 수행준거 및 평가내용에 제시되어 있는 내용을 성공적으로 수행할 수 있는지를 평가해야 한다.
- 평가자는 다음사항을 평가해야 한다.
  - 지질 구성물질의 기본단위인 광물에 대한 기본적인 이해를 바탕으로 암석의 구분 및 분류 능력
  - 광상성인과 생성기구, 산출특징에 대한 이해와 이를 동정하기 위한 탐사법간의 연관에 대한 이해도
  - 획득 자료의 오류를 최소화하기위하여 현장을 대표할 수 있는 암반을 선정하여 조사하는 능력
  - 절리면의 방향, 크기, 간격, 간극(두께), 충전물, 요철 등과 같은 요소에 대한 이해도
  - 흙과 암석의 기본 물성(일축압축강도, 탄성파속도 등)의 표준 시험방법
  - 암반분류법의 각 분류체계를 구성하는 변수들의 의미와 현장조사에 의한 자료 취득과정의 이해
  - 지각의 구조적인 운동과 지질구조와의 상호 연관성을 이해하고 제반 지질구조요소들의 특성과 지질구조에 따른 지질공학적인 특성 파악 능력

응용지질

코드명 :
능력단위명 : **지하자원 탐사 및 개발**
능력단위 정의 : 이 능력단위는 광물자원의 정의 및 산출특성과 용도 구분, 에너지자원의 정의 및 분류, 광물자원 산출유형별 성인과 특성, 광물 및 에너지자원에 따른 적정 탐사법 활용, 단계별 탐사 및 개발방법, 매장량 산출 능력이다.

능력단위요소	수행준거
코드명b.1 **광물자원의 정의 및 산출 특성과 용도 구분하기**	1.1 광물자원의 정의를 이해하고, 광석광물과 맥석광물의 차이를 구분할 수 있다.
	1.2 광물자원을 성인에 따라 대분하고, 각 범주별로 세분할 수 있다.
	1.3 광물자원의 산출상태를 기술하고, 각각의 특징을 이해할 수 있다.
	1.4 성인, 산출상태 등 다양한 요소에 의한 분류체계를 이해할 수 있다.
	1.5 광물자원분류의 목적을 이해하고, 활용방안을 이해할 수 있다.
	1.6 국내 광물자원의 종류와 부존 특성을 설명할 수 있다.
	【지식】 ○ 암석의 종류 및 특징에 대한 이해 ○ 광물자원형성에 대한 지화학적 메카니즘 이해 【기술】 ○ 암석 및 광물감정 【태도】 ○ 분석적 사고능력 ○ 문제해결능력
코드명b.2 **에너지자원의 정의 및 분류하기**	2.1 에너지자원의 정의를 이해할 수 있다.
	2.2 에너지자원을 성인에 따라 대분하고, 각 범주별로 세분할 수 있다.

능력단위요소	수 행 준 거
	2.3 에너지자원의 산출상태를 기술하고, 각각의 특징을 이해할 수 있다.
	2.4 성인, 산출상태 등 다양한 요소에 의한 분류체계를 이해할 수 있다.
	2.5 에너지자원 분류의 목적을 이해하고, 활용방안을 이해할 수 있다.
	2.6 국내외 에너지자원의 종류와 부존특성을 설명할 수 있다.
	【지식】 ○ 암석의 종류 및 특징에 대한 이해 ○ 에너지자원 형성에 대한 지질학적 프로세서 이해 【기술】 ○ 암석 및 광물감정 【태도】 ○ 분석적 사고능력 ○ 문제해결능력
코드명b.3 광물자원의 산출유형별 성인과 특성	3.1 성인별 광상의 특징과 산출 광물조합을 기술할 수 있다.
	3.2 성인별 광상 형성기구(mechanism)을 이해하고, 지화학적 메카니즘을 설명할 수 있다.
	3.3 금속 및 비금속광상의 생성기구를 이해하고, 각각의 특징과 부존형태, 품위 또는 화학조성, 산출환경 등을 규명할 수 있다.
	3.4 주요 금속광상의 종류와 각각의 용도를 설명할 수 있다.
	3.5 비금속광상의 종류와 각각의 용도를 기술할 수 있다.
	3.6 국내부존 금속 및 비금속광상의 종류와 용도를 설명할 수 있다.

응용지질

능력단위요소	수 행 준 거
	【지식】 ㅇ 성인에 따른 광상의 특징과 광물조합 이해 ㅇ 광상별 지화학적 생성기구 이해 【기술】 ㅇ 광석광물의 종류와 각각의 활용 용도 이해 【태도】 ㅇ 분석적 사고능력 ㅇ 문제해결능력
코드명 b.4 광물 및 에너지자원에 따른 적정탐사법 활용하기	4.1 광상의 종류와 성인에 따른 적합한 물리탐사법을 적용할 수 있다. 4.2 원격탐사를 통해 예상할 수 있는 광상의 종류를 나열할 수 있다. 4.3 금속광상 탐사에 적합한 탐사방법과 수행과정을 기술할 수 있다. 4.4 비금속광 탐사에 적합한 탐사방법과 수행과정을 기술할 수 있다. 4.5 에너지자원 탐사에 적합한 탐사방법과 수행과정을 기술할 수 있다.
	【지식】 ㅇ 광상별 특징과 산출상태, 주 구성원소에 대한 이해 ㅇ 물리탐사의 특징과 세부탐사별 특성 이해 【기술】 ㅇ 지화학탐사 및 물리탐사결과 해석 【태도】 ㅇ 분석적 사고능력 ㅇ 문제해결능력
코드명 b.5 단계별 탐사 및 개발방법, 매장량 산출하기	5.1 광상탐사의 일반적 방법과 단계별 탐사기법을 기술할 수 있다. 5.2 광역→준정밀/추적→정밀탐사의 의미를 이해하고, 각 단계별 특징과 적용 가능 탐사방법을 기술할 수 있다. 5.3 광상에 따른 각 단계별 탐사결과를 추론하고, 광상 부존 가능성에 대한 증거를 서술할 수 있다.

능력단위요소	수행준거
	5.4 광상부존양상에 따른 적정 개발법을 제시하고, 각각의 특징을 설명할 수 있다.
	5.5 매장량과 관련된 용어를 이해하고, 신뢰도에 따른 매장량 구분과 각각에 대해 합리적인 매장량을 산출할 수 있다.
	【지식】 ○ 야외에서 광상기재 및 지표지질조사 방법 이해 ○ 원격탐사, 지구물리탐사, 지화학탐사의 시행 방법과 결과 해석에 대한 이해
	【기술】 ○ 전산탐사결과에 대한 해석과 광상과의 관계 이해
	【태도】 ○ 분석적 사고능력 ○ 문제해결능력

◆ 작업상황

고려사항

- 광물자원의 정의를 이해하고, 성인과 산출상태 등 체계적인 광물자원 분류 방법을 이해할 수 있어야 한다.
- 에너지자원의 정의를 이해하고, 성인과 산출상태 등 체계적인 에너지자원분류 방법을 이해할 수 있어야 한다.
- 광상 형성기구에 따라 화성광상, 퇴적광상, 변성광상의 특징을 이해하고, 각각의 광상을 구분할 수 있어야 한다.
- 금속 및 비금속, 에너지자원광상 등 광상특성에 따른 적정 탐사법을 적용할 수 있어야 한다.
- 경제적으로 활용 가능한 광상자원을 확보하기 위해 필요한 단계별 탐사방법을 이해하고, 해당 광상자원에 대한 개발방법과 매장량을 산출할 수 있어야 한다.

자료 및 관련서류

- 물리탐사 등 실무지침서
- 지질 및 지반해석용 S/W 사용자 매뉴얼

응용지질

- 암석학 및 광물학, 구조지질학, 탐사공학, 지질공학, 광상학관련 국내외의 인터넷 사이트, 학회지 및 연구자료 등

장비 및 도구(재료 포함)

- 암석표본, 광물표품 / 박편, 루페, 편광현미경, 반사현미경
- 물리탐사장비, 화학분석기기, 위성영상판독기, 항공사진판독기
- 점하중시험기, 일축압축시험기
- 실내시험기기 분석 소프트웨어, 지질 및 지반조사 소프트웨어
- 컴퓨터, 스프레드시트, 그래픽 소프트웨어(CAD)

◆ 평 가 지 침

평가방법

- 평가자는 이 능력단위의 수행준거에 제시되어 있는 내용을 평가하기 위해 이론과 실기를 나누어 평가하거나 종합적인 결과물의 평가 등 다양한 평가 방법을 사용할 수 있다.
- 피 평가자의 과정평가로는 다음의 평가 방법을 권장한다.
  - 일상적인 면담
  - <u>관찰기록모음</u>
  - 학습 일지
  - 자기평가(구두 혹은 글)
  - <u>보고서</u>
  - 행동점검표
- 피 평가자의 결과물 평가로는 다음의 평가 방법을 권장한다.
  - 과제진술과 채점기준이 있는 프로젝트, 포트폴리오
  - <u>교육생의 시범/연구, 조사결과물</u>
  - <u>태도 점검표, 질문지</u>
  - 선다형시험 등

평가시 고려사항

- 평가자는 피 평가자가 수행준거 및 평가내용에 제시되어 있는 내용을 성공적으로 수행할 수 있는지를 평가해야 한다.

- 평가자는 다음사항을 평가해야 한다.
    - 산출암석의 특징과 구성광물에 대한 기본적 이해를 바탕으로 경제적으로 유용한 광물의 집합체 즉 광상의 정의와 특징을 숙지하여 체계적으로 구분, 분류할 수 있는 능력
    - 산출암석의 특징과 구성광물에 대한 기본적 이해를 바탕으로 경제적으로 유용한 에너지자원의 정의와 특징을 숙지하여 체계적으로 구분, 분류할 수 있는 능력
    - 제적으로 활용되는 광상의 의미를 이해하고, 각 광상의 주 구성원소가 1차 원료원으로서 해당 산업분야에 활용 가능한지에 대한 이해도
    - 광상성인과 생성기구, 산출특징에 대한 이해와 이를 동정하기 위한 탐사법간의 연관에 대한 이해도
    - 광역에서 정밀로 대상지역을 좁혀가는 기본적인 탐사프로세스를 이해하고, 각 단계에서 이상대 또는 광화대 확인을 위한 탐사결과 이해 및 해석능력

응용지질

코드명 :
능력단위명 : **지반해석 및 재해대책**
능력단위 정의 : 이 능력단위는 지반침하의 발생원인 설명, 산사태 발생원인, 사면의 안정성 해석, 터널의 안정성 해석, 지반침하의 안정성을 해석하고 보강대책을 수립할 수 있는 능력이다.

능력단위요소	수행준거
코드명c.1 지반침하의 발생원인과 보강대책 수립하기	1.1 지반침하의 발생 원인을 이해할 수 있다. 1.2 석회암 공동 및 폐갱도 등에 의한 지반침하의 발생원인을 설명할 수 있다. 1.3 지하공동의 파악을 위한 다양한 탐사기법을 이해할 수 있다. 1.4 흙의 압밀과 다짐에 의한 침하를 설명할 수 있다. 1.5 지반침하의 방지, 혹은 복구를 위한 대책을 제시할 수 있다. 1.6 지질자료를 지반침하의 발생원인과 보강대책 수립에 응용할 수 있다.
	【지식】 ○ 지반침하의 원인 　　　　 ○ 흙의 압밀과 다짐 　　　　 ○ 지반침하 보강대책 【기술】 ○ 물리탐사 기법 【태도】 ○ 분석적 사고능력 　　　　 ○ 문제해결능력
코드명c.2 산사태의 발생원인과 보강대책 수립하기	2.1 산사태 발생형태의 종류에 대해 이해할 수 있다. 2.2 산사태 위험지역의 정의와 분류에 대해 이해할 수 있다. 2.3 산사태의 발생 징후를 판단할 수 있다.

능력단위요소	수 행 준 거
	2.4 산사태의 발생 원인을 설명할 수 있다.
	2.5 산사태에 대비한 안정화공법의 종류와 특성에 대해 이해할 수 있다.
	2.6 지질자료를 산사태의 발생원인과 보강대책 수립에 응용할 수 있다.
	【지식】 ○ 산사태의 종류 및 발생원인 ○ 산사태 위험 지역의 정의와 분류 ○ 산사태 위험 지역 평가기법 ○ 산사태 안정화 공법의 종류와 특성 【기술】 ○ 산사태 위험성 평가를 위한 지질 및 지반조사 【태도】 ○ 분석적 사고능력 ○ 문제해결능력
코드명c.3 사면의 안정성 해석 및 보강대책 수립하기	3.1 지질조건에 따른 사면의 붕괴 요인들을 이해하고 원인을 파악할 수 있다.
	3.2 토사 및 암반사면에 대한 공학적인 지질조사를 수행하고 조사된 자료를 분석, 이해할 수 있다.
	3.3 암반사면의 안정성 해석에 활용되는 평사투영의 원리를 이해하고 안정성 해석을 수행할 수 있다.
	3.4 토사 및 암반사면의 한계평형 해석원리를 이해하고 수행할 수 있다.
	3.5 다양한 사면 보강공법의 원리를 이해하고 지반조건에 따른 적절한 사면의 보호 및 보강공법을 제안할 수 있다.
	3.6 지질자료를 사면의 안정성 해석 및 보강대책 수립에 응용할 수 있다.
	【지식】 ○ 토사 및 암반사면의 붕괴 원인 및 그 원인 데 따른 안정성 평가 기법에 대한 이해

응용지질

능력단위요소	수 행 준 거
	○ 사면 구조물의 보강과 관련된 토질역학 및 암석역학과 관련된 지식 【기술】 ○ 수치해석 등과 같은 안정성 평가 기법 【태도】 ○ 분석적 사고능력 ○ 문제해결능력
코드명c.4 터널의 안정성 해석 및 보강대책 수립하기	4.1 터널 시공을 위한 다양한 암반분류에 대해 이해할 수 있다. 4.2 터널 막장 지질조사 및 계측 등의 기초자료에 대해 이해할 수 있다. 4.3 암반터널에서 불연속면의 발달에 의한 천단, 측벽 및 막장부의 붕괴유형을 이해할 수 있다. 4.4 터널의 안정성 평가법 및 평가흐름을 이해할 수 있다. 4.5 지질조건에 따른 적합한 굴착 및 지반보강방법에 대한 기초적인 이해를 할 수 있다. 4.6 지질자료를 터널의 안정성 해석 및 보강대책 수립에 응용할 수 있다.
	【지식】 ○ 터널지반의 지반 분류방법에 관련된 지식 및 각 분류방법의 주요요인에 관한 이해 ○ 지질조건에 따른 굴착 및 보강방법에 관련된 지식에 대한 이해 ○ 터널 시공 사이클에 대한 이해 【기술】 ○ 실내 물성시험 치 수치해석 등 안정성 평가 기법 【태도】 ○ 분석적 사고능력 ○ 문제해결능력
	5.1 기초지반의 지지력 산정을 위한 조사 및 시험 방법과 원리를 이해할 수 있다.

능력단위요소	수 행 준 거
코드명c.5 기초지반의 안정성 해석 및 보강대책 수립하기	5.2 암반기초의 공학적 분류에 대해 이해할 수 있다. 5.3 지지층의 공학적 특성에 따른 지지력 산정방법을 이해할 수 있다. 5.4 다양한 기초형태의 종류 및 장, 단점을 이해할 수 있다. 5.5 지반조건에 따른 다양한 기초보강공의 장, 단점 및 적용성을 이해할 수 있다. 5.6 지질자료를 기초지반의 안정성 해석 및 보강대책 수립에 응용할 수 있다. 【지식】 ○ 교량기초 등 기초지반의 지지력 산정에 관련된 조사 및 해석기법의 이해 ○ 지반조건에 따른 다양한 기초공법에 대한 적용성 이해 【기술】 ○ 현장지질조사, 실내 시험 및 수치해석 【태도】 ○ 분석적 사고능력 ○ 문제해결능력

◆ 작 업 상 황

고려사항

- 지반침하의 발생 원인을 설명하고 보강대책을 제시할 수 있어야 한다.
- 산사태의 발생가능성, 혹은 발생원인을 추론하고 이에 대한 대책을 수립할 수 있어야 한다.
- 사면의 안정성 평가를 위한 공학적 지질조사, 안정성 평가 및 대책공법에 대한 기초적인 작업을 수행할 수 있어야 한다.
- 터널의 설계 및 시공에 따른 조사, 지반의 분류, 안정성 평가 및 보강공법 선정의 기초적인 작업을 수행할 수 있어야 한다.
- 교량이나 댐 등의 구조물의 기초 안정성 평가 및 보강공법 선정에 대해 기초적인 작업을 수행할 수 있어야 한다.

응용지질

자료 및 관련서류

- 물리탐사 등 실무지침서
- 지질 및 지반해석용 S/W 사용자 매뉴얼
- 지질 및 지형도
- 암석학 및 광물학, 구조지질학, 탐사공학, 지질공학, 광상학관련 국내외의 인터넷 사이트, 학회지 및 연구자료 등

장비 및 도구(재료 포함)

- 사면안정성 해석 프로그램
- 지질 및 지형도, 스트레오 투영망
- 컴퓨터, 계산기

◆ 평 가 지 침

평가방법

- 평가자는 이 능력단위의 수행준거에 제시되어 있는 내용을 평가하기 위해 이론과 실기를 나누어 평가하거나 종합적인 결과물의 평가 등 다양한 평가 방법을 사용할 수 있다.
- 피 평가자의 과정평가로는 다음의 평가 방법을 권장한다.
  - 일상적인 면담
  - **관찰기록모음**
  - 학습 일지
  - 자기평가(구두 혹은 글)
  - **보고서**
  - 행동점검표
- 피 평가자의 결과물 평가로는 다음의 평가 방법을 권장한다.
  - 과제진술과 채점기준이 있는 프로젝트, 포트폴리오
  - **교육생의 시범/연구, 조사결과물**
  - **태도 점검표, 질문지**
  - 선다형시험 등

평가시 고려사항

- 평가자는 피 평가자가 수행준거 및 평가내용에 제시되어 있는 내용을 성공적으로 수행할 수 있는지를 평가해야 한다.
- 평가자는 다음사항을 평가해야 한다.
  - 지반침하의 발생원인들을 유형별로 설명하고, 이에 대한 대책공법 설명 능력
  - 지하 채굴적 및 폐갱도, 석회암 공동 등에 대한 탐사에 사용할 수 있는 물리탐사 기법 제시 능력
  - 다양한 현장상황에 따라 산사태의 발생원인을 논리적으로 설명하고, 이에 대한 최적의 복구대책, 혹은 예방대책 제시 능력
  - 전산해석을 이용한 사면의 안정성 해석 수행능력
  - 토사 및 암반 사면 구조물의 붕괴 원인을 이해하고 적절한 안정성 평가기법을 적용하여 합리적인 보강대책 선정 능력
  - 터널 구조물의 설계와 시공에 있어 필요한 지반의 분류에 대해 이해하고 지질조건에 따른 적합한 굴착공법과 보강방안을 선정하는 기본적인 흐름 이해능력
  - 구조물의 기초시공, 설계에 필요한 조사 및 해석방법 이해
  - 지반조건에 따른 기초공법의 장, 단점과 적용성 이해

응용지질

<부 록>

■ 응용지질직종 직무구조도

책무 (Duty)	작업 (Task)			
A 지질자료 획득 및 분석	A-1 광물 및 암석의 이해하기	A-2 실내시험의 이해 및 응용하기	A-3 탐사의 원리 및 적용하기	A-4 지하수 조사 및 분석하기
	A-5 현장조사의 이해 및 응용하기	A-6 지반의 기본물성과 공학적 분류 이해하기	A-7 지질구조 특성 분석하기	
B 지하자원 탐사 및 개발	B-1 광물자원의 정의 및 산출 특성과 용도 구분하기	B-2 에너지자원의 정의 및 분류하기	B-3 광물자원 산출유형별 성인과 특성	B-4 광물 및 에너지 자원에 따른 적정 탐사법 활용하기
	B-5 개발방법 및 매장량 산출하기			
C 지반해석 및 재해대책	C-1 지반침하의 발생원인과 보강대책 수립하기	C-2 산사태의 발생원인과 보강대책 수립하기	C-3 사면의 안정성 해석 및 보강대책 수립하기	C-4 터널의 안정성 해석 및 보강대책 수립하기
	C-5 기초지반의 안정성 해석 및 보강대책 수립하기			

NCS 양식을 활용한
(항로표지)직종 직무분석
(Marine Aids to Navigation)

2012

항로표지 능력단위군

□ 항로표지 직무의 정의

해상교통의 안전을 도모하고 선박운항의 능률성을 향상시키기 위하여 등광, 형상, 색채, 음향, 전파 등을 수단으로 항, 만 해협, 그 밖의 대한민국의 내수, 영해 및 배타적 경제수역을 항행하는 선박에게 지표가 되는 등대 등표, 입표, 부표, 안개신호(무신호), 전파표지, 특수신호표지 등 항로표지 설계, 배치, 기능 및 각종 항로표지 장비 용품의 설치, 운용, 유지관리를 수행하는 직무

□ 항로표지 직무의 능력단위

능력단위군	코 드 명	능 력 단 위 명	페 이 지
항로표지		항로표지일반	113
		전원시스템	120
		광파·음파표지	127
		전파표지 및 시스템이용	134
		항로표지의 전원관리	141
		항로표지의 시설 및 장비관리	147
		부표류의 관리	152
		항로표지시스템의 운영	156

코드명 :
능력단위명 : 항로표지일반
능력단위 정의 : 이 능력단위는 항로표지개론, 항로표지의 종류와 구조 및 안전, 지문항해학기초, 항로표지 관계법규, IALA해상부 표식 등을 이해하는 능력이다.

능력단위요소	수 행 준 거
코드명 a.1 항로표지개론 이해하기	1.1 항로표지 설계 및 배치기획을 할 수 있다. 1.2 항로표지 표준화 및 신뢰성을 향상시킬 수 있다 1.3 항로표지 설치기준 및 요건을 확인할 수 있다. 1.4 항로표지의 기능 및 성능을 유지시킬 수 있다. 1.5 항로표지와 항해상의 필요 요건을 확인할 수 있다. 1.6 항로표지의 공공성 및 서비스 수준 등을 이해 할 수 있다 1.7 항로표지의 일반적인 시스템을 이해 할 수 있다. 【지식】 ㅇ 항로표지의 정의 　　　　ㅇ 항로표지치의 종류와 특징 　　　　ㅇ 항로표지 설치기준에 대한 지식 　　　　ㅇ 해도의 도식이해 　　　　ㅇ 항로표지의 일반적 분류 및 종류 　　　　ㅇ 항로표지의 목적상 분류 　　　　ㅇ 항로의 구분이해 　　　　ㅇ 조류 및 조석에 대한 개념 이해 【기술】 ㅇ 항로표지의 배치계획 　　　　ㅇ 항로표지 설치요건 및 기준이해 　　　　ㅇ 항로표지의 기능 및 규격 이해 　　　　ㅇ 해상 항해 및 항해단계별 항로표지 배치설계 　　　　ㅇ 해도도식 이해 및 방위, 경위도, 거리 측정

항로표지

능력단위요소	수 행 준 거
	【태도】 ○ 해상에서 현장작업을 수행하는 직무로 특별히 안전사고 예방에 주의해야 한다. ○ 논리적 사고 및 분석능력 ○ 창의적 문제해결능력
코드명 a.2 항로표지의 종류와 구조·안전 이해하기	2.1 유인 등대의 구조 및 부속장비의 기능을 이해 할 수 있다. 2.2 방파제 등대 구조 및 부속장비의 기능을 이해 할 수 있다. 2.3 무인등대 구조 및 부속장비의 기능을 이해 할 수 있다. 2.4 등표의 구조 및 부속장비의 기능을 이해할 수 있다. 2.5 등부표의 구조 및 부속장비의 기능을 이해할 수 있다. 2.6 부표의 구조 및 부속시설의 특성을 이해 할 수 있다. 2.7 측방, 방위, 고립장해, 안전수역, 특수표지의 기능, 특성을 이해 할 수 있다. 2.8 랜비(LANBY)의 구조 및 부속장비의 기능과 특성을 이해 할 수 있다. 2.9 레이콘의 구조 및 부속장비의 기능과 특성을 이해 할 수 있다. 2.10 항로표지의 형상 및 도색을 이해할 수 있다. 2.11 도등, 지향등, 교량표지 등 기타 항로표지의 기능과 측성을 이해할 수 있다.

항로표지

능력단위요소	수 행 준 거
	【지식】 ○ 항로표지의 기본요건 ○ 항로표지의 종류 ○ 항로표지 종류별 설계요건 ○ 표준형 등부표의 현황 및 구조이해 ○ 항로표지 종류별 형상 및 도색의 이해 ○ 항료표지업무편람 【기술】 ○ 광파표지(등대, 등표)의 설계요건 이해 ○ 항로표지별 명칭 부여, 등질 결정 ○ 광달거리 산출 ○ 시설 안전점검 이해 ○ 항로표지별 기능 및 설계기준 이해 ○ 부표안전성 계산프로그램 사용 능력 【태도】 ○ 해상에서 현장작업을 수행하는 직무로 특별히 안전사고 예방에 주의해야 한다. ○ 논리적 사고능력 ○ 창의적 문제 해결능력
코드명 a.3 지문항해학 기초이해하기	3.1 항해에 대한 용어를 이해할 수 있다. 3.2 항박도 및 항해도를 이해 할 수 있다. 3.3 각종 해도의 도식을 이해 할 수 있다. 3.4 연안항해에 필요한 수로서지(Nautical publications)를 이해할 수 있다. 3.5 연안항법에 기초지식을 이해할 수 있다. 3.6 선위측정 및 선위오차에 대한 것을 이해할 수 있다. 【지식】 ○ 항로표지 일반 ○ 연안 및 해상항해 이해 ○ 지문항해학 ○ 항로관련 용어이해 ○ 해도 및 도식이해

항로표지

Marine Aids to Navigation

항로표지 일반

능력단위요소	수 행 준 거
	○ 항로표지업무편람 【기술】 ○ 선박 안전항행을 하기위한 항로표지, 항해학 등의 기술 ○ 위치측정(레이더, 육분의, ECDIS, DPGS수신기) ○ 해도상 경위도, 방위, 거리측정 【태도】 ○ 해상에서 현장작업을 수행하는 직무로 특별히 안전사고 예방에 주의해야 한다. ○ 논리적 사고능력 ○ 창의적 문제 해결능력
코드명 a.4 항로표지 관계법규 이해하기	4.1 항로표지법, 시행령, 시행규칙을 이해할 수 있다. 4.2 항로 표지관련 고시, 훈령, 예규, 지침 등에 대하여 이해하고 실행할 수 있다. 4.3 국제항로표지협회 규약을 이해할 수 있다.(NAVGUIDE, IALA 권고서) 4.4 항로표지관련 변경고시에 대한 내용 및 관리업무를 할 수 있다. 4.5 항로에 대한 개념을 이해할 수 있다. 【지식】 ○ 항로표지와 관련한 각종 법령, 고시, 훈령, 예규, 업무지침에 관한 사항 ○ 항국제항로표협회(IALA) 규약 【기술】 ○ 항로표지 관련법령 검색 ○ 항로표지 용어 이해 【태도】 ○ 해상에서 현장작업을 수행하는 직무로 특별히 안전사고 예방에 주의해야 한다. ○ 논리적 사고능력 ○ 창의적 문제 해결능력
코드명 a.5 IALA 해상부표식 이해하기	5.1 항로표지 등질에 대한 기준을 이해할 수 있다. 5.2 항로 표지 등색에 관한 권고 내용을 이해할 수 있다.

능력단위요소	수 행 준 거
	5.3 등화의 광도와 광달거리 표기에 대한 권고 사항을 이해할 수 있다. 5.4 레이콘에 대한 권고 내용을 이해할 수 있다.
	【지식】 ○ 항로표지기능 및 규격에 관한 규정 ○ 항로표지 용어 이해 ○ IALA 규약 및 해상부표식 지침서 ○ IALA 해상부표식 【기술】 ○ IALA 해상부표식의 종류, 의미, 도색, 형상 및 등질의 이해 ○ 항만, 항로 여건에 적합한 해상부표식 적용 ○ IALA 권고사항 이해 및 적용 【태도】 ○ 해상에서 현장작업을 수행하는 직무로 특별히 안전사고 예방에 주의해야 한다. ○ 논리적 사고능력 ○ 창의적 문제 해결능력

◆ 작 업 상 황

고려사항

- 항로표지의 전반적인 내용을 이해하여야 한다.
- 항로표지 종류에 따른 구조, 기능 및 성능을 파악하고 관리할 수 있다.
- 항해관련 전문 용어와 해도 및 도식 각종 수로 연안 항법, 선위 측정에 대한 사항을 이해할 수 있다.
- 항로표지에 대한 제반 관계법령을 이해하고 적용할 수 있다.
- 국제적으로 통일된 항로표지를 운영할 수 있다.

자료 및 관련서류

- 항로표지별 기능 및 설계기준
- 항로관련 용어집
- 항로표지 관계법규(항로표지지침서 등)

항로표지

- IALA 규약 및 해상부표식 지침서
- 항로표지 종류별 설계기준
- 항로표지업무편람
- 부표안정성계산프로그램
- 항로표지일반, 전기, 전자기초, 광파, 음파표지, 전파표지 및 시스템 이용 관련 국내외의 인터넷사이트, 학회 및 학술지, 논문 및 연구자료 등

장비 및 도구(재료 포함)

- 작업실
- 컴퓨터 및 주변기기
- 부표안정성계산프로그램
- CAD 등 설계프로그램
- 인터넷
- 항로표지관련법규집
- IALA권고서
- 해도
- 디지털카메라
- 삼각자, 디바이더, 컴퍼스
- 필기도구

◆ 평 가 지 침

평가방법

- 평가자는 이 능력단위의 수행준거에 제시되어 있는 내용을 평가하기 위해 이론과 실기를 나누어 평가하거나 종합적인 결과물의 평가 등 다양한 평가 방법을 사용할 수 있다.
- 피 평가자의 과정평가로는 다음의 평가 방법을 권장한다.
    - 일상적인 면담
    - 관찰기록모음
    - 학습 일지
    - 자기평가(구두 혹은 글)
    - 보고서
    - 행동점검표

- 피 평가자의 결과물 평가로는 다음의 평가 방법을 권장한다.
  - 과제진술과 채점기준이 있는 프로젝트, 포트폴리오
  - 교육생의 시범/연구, 조사결과물
  - 태도 점검표, 질문지
  - 선다형시험, 단답형 및 서술형 주관식시험 등

평가시 고려사항

- 평가자는 피 평가자가 수행준거 및 평가내용에 제시되어 있는 내용을 성공적으로 수행할 수 있는지를 평가해야 한다.
- 작업 수행과정을 면밀히 관찰하고 각 작업 수행과정에 따른 숙련도, 정밀도, 안전성 등을 공정하고 객관성 있게 평가하여야 한다.
- 평가자는 다음사항을 평가해야 한다.
  - 항로표지 설계 및 배치기획에 대한 이해 능력
  - 항로표지 설치 필요 요건
  - 항로표지의 기능 및 규격에 대한 이해
  - 각종 해도 및 도식에 대한 이해
  - 선위측정 및 선위오차에 대한 이해
  - 항로표지와 관련한 각종 법령, 고시, 훈령, 예규, 업무지침에 관한 사항

항로표지

코드명 :
능 력 단 위 명 : 전원시스템
능력단위 정의 : 이 능력단위는 전기·전자기초이론, 전지 기초이론과 발동발전시스템, 태양광발전시스템 파력·풍력발전시스템 등을 이해하고 안정적 전원공급을 할 수 있는 능력이다.

능 력 단 위 요 소	수 행 준 거
코드명 b.1 전기·전자기초 이론이해하기	1.1 전기의 기초이론과 관련된 옴의(Ohm's Law) 법칙 등을 이해 할 수 있다. 1.2 전기조명의 이론과 전력량을 산정할 수 있다 1.3 직류회로 및 교류회로에서의 전압, 전류, 전력, 위상, 역률에 대하여 이해 할 수 있다. 1.4 전기부품의 기호를 판독하고 구조 및 동작을 이해 할 수 있다. 1.5 전기배선도를 판독하여 배선을 할 수 있다. 1.6 측정기를 이용하여 전기회로의 이상유무를 판단하고 유지보수 할 수 있다. 1.7 직·교류발전기의 구조와 원리를 이해할 수 있다. 1.8 전자부품의 기호와 동작을이해 할 수 있다. 1.9 전자회로를 판독할 수 있다. 1.10 수동소자 및 능동 소자를 이용한 각종 기능회로의 동작을 이해 할 수 있다. 1.11 인버터, 컨버터 등 전력공급장치의 원리를 이해할 수 있다.

능력단위요소	수 행 준 거
	1.12 측정기를 이용하여 전자기기 및 전자부품의 이상 유무를 확인할 수 있다.
	1.13 전기안전관리 수칙을 준수할 수 있다.
	【지식】 ○ 수공구 사용법 ○ 전기부품 판별법 ○ 전기회로 구성법 ○ 측정기 사용법 ○ 전자부품의 기호 및 구조 동작원리 ○ 전자회로에 사용되는 수동소자 및 능동소자의 동작원리 ○ 회로 판독법 ○ 전기와 자기이론 ○ 전기관련법칙(옴의 법칙 등) ○ 전압, 전류, 전력, 위상 ○ 직·교류 발전원리 ○ 정류, 증폭, 발진 회로의 동작원리 ○ 제어회로 동작원리 【기술】 ○ 항로표지 장치에 사용되는 전기기기의 동작원리를 알고 회로도면을 판독하여 설치 및 유지보수 할 수 있는 기술 ○ 인버터, 컨버터 등 전력공급장치 원리 ○ 제어용기기 및 보호기기의 분해조립 【태도】 ○ 변압기 등 전기가 인가된 현장에서 작업을 수행하는 직무로 특별히 감전사고 예방에 주의해야 한다. ○ 논리적 사고능력 ○ 창의적 문제 해결능력
코드명 b.2 전지기초이론 이해하기	2.1 2차전지의 종류와 각기의 특성 및 공칭전압을 이해할 수 있다. 2.2 2차전지의 원리 및 화학적 특성을 이해할 수 있다.

항로표지

능력단위요소	수행준거
	2.3 축전지 성능을 극대화 할 수 있는 취급법을 이해할 수 있다.
	2.4 2차전지의 충·방전 특성 및 충전 방법에 대해 이해할 수 있다.
	2.5 충전(charge) 및 부동충전(floating charge) 등 원리를 이해할 수 있다.
	2.6 2차전지의 용량 및 수명에 관한 이해와 관리를 할 수 있다.
	【지식】 ○ 전지의 종류와 공칭전압 ○ 전지의 용량 ○ 축전지의 동작원리 ○ 전지의 종류와 용도 ○ 전지의 화학적 동작원리 ○ 충전 대한 원리 및 동작 【기술】 ○ 각종 표지기기 전원에 사용되는 전지의 동작 원리와 충전방전에 대한 기술 및 기능 ○ 전지의 전류, 전압 측정 【태도】 ○ 해상에서 현장작업을 수행하는 직무로 특별히 안전사고 예방에 주의해야 한다. ○ 논리적 사고능력 ○ 창의적 문제 해결능력
코드명 b.3 발동발전시스템 이해하기	3.1 전기설비의 기준을 이해할 수 있다. 3.2 전원장치의 배선회로 점검 및 구성을 할 수 있다. 3.3 발동발전기의 작동 및 운전을 할 수 있다. 3.4 발동발전기의 유류소모량, 정격전압, 정격전류 및 사용전력량을 산정할 수 있다. 3.5 기계적, 전기적 안전사고의 방지 대책을 수립할 수 있다.

능력단위요소	수 행 준 거
	【지식】 ㅇ 기초전기이론 ㅇ 배선기초 ㅇ 전기기구 및 발전기에 대한 취급 ㅇ 발전이론 【기술】 ㅇ 발동 발전장치의 동작 운영 및 유지보수에 대한기술 - 전선연결방법 - 전압, 전류 측정 - 발동발전기의 분해조립 - 발동발전기의 조작 및 유지보수 【태도】 ㅇ 해상에서 현장작업을 수행하는 직무로 특별히 안전사고 예방에 주의해야 한다. ㅇ 논리적 사고능력 ㅇ 창의적 문제 해결능력
코드명 b.4 **태양광발전시스템 이해하기**	4.1 태양광발전시스템의 구성을 이해할 수 있다. 4.2 태양광발전시스템의 계통도를 이해할 수 있다. 4.3 태양광발전시스템의 발전용량을 산정할 수 있다. 4.4 태양광 발전소자(Solar cell)의 동작원리를 이해할 수 있다 4.5 태양광발전시스템의 최적 동작상태를 유지할 수 있다. 4.6 전력조절기의 동작원리를 이해할 수 있다. 4.7 태양광발전시스템을 이용하여 항로표지에 이용할 수 있다.
	【지식】 ㅇ 전자 소자 특성에 관한 지식 ㅇ 전기, 전자에 대한 이론 ㅇ 전기회로구성 ㅇ 태양광 발전시스템의 원리 ㅇ 전자공학 ㅇ 태양광발전시스템 운영

항로표지

능력단위요소	수 행 준 거
	○ 전력조절기(Power Conditioning System) 구조 및 동작원리
	【기술】 ○ 태양광발전시스템의 구성 동작원리, 설치, 유지보수에 대한기술 및 기능
	【태도】 ○ 해상에서 현장작업을 수행하는 직무로 특별히 안전사고 예방에 주의해야 한다.
	○ 논리적 사고능력
	○ 창의적 문제 해결능력
코드명 b.5 파력·풍력발전시스템 이해하기	5.1 파력 및 풍력발전시스템의 구성을 이해할 수 있다. 5.2 파력 및 풍력발전 시스템의 계통도를 이해할 수 있다. 5.3 파력 및 풍력 발전기의 발전용량을 산정할 수 있다. 5.4 파력 및 풍력발전 시스템의 최적동작 상태를 유지할 수 있다. 5.5 전력조절기의 동작원리를 이해할 수 있다. 5.6 파력 및 풍력 발전시스템을 항로표지에 이용할 수 있다.
	【지식】 ○ 전자 소자 특성에 관한 지식 ○ 전기·전자 기초 ○ 전기회로구성 ○ 파력·풍력발전시스템의 원리 ○ 파력·풍력발전시스템 동작원리 ○ 전력조절기의 구조 및 동작원리
	【기술】 ○ 파력·풍력발전시스템의 구성 동작원리, 설치, 유지보수에 대한 기술 및 기능
	【태도】 ○ 해상에서 현장작업을 수행하는 직무로 특별히 안전사고 예방에 주의해야 한다. ○ 논리적 사고능력 ○ 창의적 문제 해결능력

항로표지

◆ 작 업 상 황

고려사항

- 전기회로를 판독하고 구성할 수 있으며 측정기를 이용하여 전기장치의 이상유무를 확인할 수 있다.
- 2차전지 관리를 통하여 안정적 전원공급을 할 수 있다.
- 발동발전시스템을 이해하고 정전 및 긴급 상황시 비상용 전원을 공급할 수 있다.
- 태양광발전시스템의 구성과 동작원리를 이해하고 시스템의 이상유무를 확인할 수 있다.
- 파력 및 풍력시스템의 구성과 동작원리 이해하고 시스템의 이상유무를 확인할 수 있다.

자료 및 관련서류

- 전기설비기준
- 태양광발전시스템 도면(등명기용)
- 파력, 풍력시스템 도면
- 항로표지일반, 전기, 전자기초, 광파, 음파표지, 전파표지 및 시스템 이용 관련 국내외의 인터넷사이트, 학회 및 학술지, 논문 및 연구자료 등

장비 및 도구(재료 포함)

- 발전기
- 태양광발전시스템
- 파력발전시스템
- 풍속계
- 접지봉
- 오실로스코프
- 축전지 등 2차 전지
- 충전기
- 컴퓨터 및 주변기기
- 절연테이프, 회로구성용 전선 등

- 발동발전기(전원공급용)
- 태양전지판
- 풍력발전시스템
- 절연저항측정기
- Tester(회로시험기)
- 전류계
- 축전지케이블
- 멀티테스터
- 작업공구 및 공구함 등

항로표지

◆ 평 가 지 침

평가방법

- 평가자는 이 능력단위의 수행준거에 제시되어 있는 내용을 평가하기 위해 이론과 실기를 나누어 평가하거나 종합적인 결과물의 평가 등 다양한 평가 방법을 사용할 수 있다.
- 피 평가자의 과정평가로는 다음의 평가 방법을 권장한다.
    - 일상적인 면담
    - 관찰기록모음
    - 학습 일지
    - 자기평가(구두 혹은 글)
    - 보고서
    - 행동점검표
- 피 평가자의 결과물 평가로는 다음의 평가 방법을 권장한다.
    - 과제진술과 채점기준이 있는 프로젝트, 포트폴리오
    - 교육생의 시범/연구, 조사결과물
    - 태도 점검표, 질문지
    - 선다형시험, 단답형 및 서술형 주관식시험 등

평가시 고려사항

- 평가자는 피 평가자가 수행준거 및 평가내용에 제시되어 있는 내용을 성공적으로 수행할 수 있는지를 평가해야 한다.
- 작업 수행과정을 면밀히 관찰하고 각 작업 수행과정에 따른 숙련도, 정밀도, 안전성 등을 공정하고 객관성 있게 평가하여야 한다.
- 평가자는 다음사항을 평가해야 한다.
    - 전기회로의 판독 및 구성 능력
    - 측정기를 이용한 전기장치의 이상유무 판단 및 유지보수 능력
    - 2차전지의 종류와 각 기기의 특성 및 공칭전압에 대한 이해
    - 2차전지의 원리 및 화학적 특성에 대한 이해
    - 2차전지의 충·방전 특성 및 충전방법에 대한 이해
    - 전원장치의 배선회로 점검 및 구성에 이해
    - 발동발전기의 작동 및 운전 능력
    - 태양광발전시스템의 구성 및 계통도에 대한 이해
    - 태양광발전시스템의 발전용량 산정 능력
    - 파력 및 풍력발전시스템 구성 및 계통도에 대한 이해
    - 파력 및 풍력 발전기의 발전용량 산정 능력

항로표지

코드명 :
능력단위명 : 광파·음파표지
능력단위 정의 : 이 능력단위는 항로표지와 광학기초를 이해하고 광파표지 및 음파표지의 특성, 종류, 용도를 알고, 등대·등부표 및 부표류의 구조 등을 이해할 수 있는 능력이다.

능력단위요소	수 행 준 거
코드명 c.1 항로표지와 광학기초 이해하기	1.1 빛의 성질을 이해할 수 있다. 1.2 빛의 전파(propagation) 특성을 이해할 수 있다. 1.3 각종 광원의 형태 및 종류의 특징을 이해할 수 있다. 1.4 광파표지의 동작 및 특성을 이해할 수 있다. 1.5 광파표지의 종류와 각기 특징 및 용도를 이해할 수 있다. 1.6 광파표지를 항로표지에 활용할 수 있다. 1.7 광원 및 섬광등의 동작원리를 알 수 있으며 이를 광파표지에 응용할 수 있다. 1.8 섬광등명기의 광도 및 광달거리를 이해할 수 있다.
	【지식】 ㅇ 광학의 기초지식 ㅇ 각종 광학기기에 대한 취급법 ㅇ 광원측정기 사용법 ㅇ 광원의 분류와 특징 ㅇ 광의 물리적 특성(직진, 굴절, 반사, 산란) ㅇ 광파에 대한 기초이론 ㅇ 광파의 특성 ㅇ 광파표지이론 ㅇ 광파표지 등명기 종류에 따른 구조와 물리적 특성

항로표지

능력단위요소	수 행 준 거
	【기술】 ○ 광파표지방법, 표지기기의 선택 및 설치하기 위한 기술 및 기능 ○ 야간에 등화를 이용하여 선박이 안전한 항해를 할 수 있도록 유도하기 위해 광파표지를 표시하기 위한 기술 및 기능 【태도】 ○ 광원에 대한 물리학적 사고 및 항로표지 설치에 따른 안전사고 예방에 주의해야 한다. ○ 논리적 사고능력 ○ 창의적 문제 해결능력
코드명 c.2 광파표지 이해하기	2.1 광파표지의 종류와 각기의 기능을 이해할 수 있다. 2.2 광파표지의 설계조건 및 배후광의 영향 등을 이해할 수 있다. 2.3 등대, 등표, 등부표 등의 등명기에 대한 구조 및 특성을 이해할 수 있다. 2.4 조사등, 지향등 도등의 구조와 용도를 이해할 수 있다. 2.5 교량용 광파표지의 구조 및 특성을 이해할 수 있다. 2.6 광파표지의 섬광주기, 광달거리 및 등질을 이해할 수 있다.
	【지식】 ○ 광파의 기초이론 ○ 빛의 분류 ○ 주파수 구분 ○ 광파표지의 용도별 종류에 대한 지식 ○ 등명기의 이론 【기술】 ○ 광파표지의 설계, 설치 구조분석 및 유지보수에 대한 기술 ○ 등명기의 구조 분석 ○ 광파표지의 광달거리 계산 ○ 교량용 광파표지의 특성 이해

항로표지

능력단위요소	수 행 준 거
	【태도】 ○ 해상에서 현장작업을 수행하는 직무로 특별히 안전사고 예방에 주의해야 한다. ○ 논리적 사고능력 ○ 창의적 문제 해결능력
코드명 c.3 음파표지 이해하기	3.1 음의 기본요소(세기, 음색, 높이)를 이해할 수 있다. 3.2 음파의 성질을 이해할 수 있다. 3.3 음파표지 용도를 이해할 수 있다. 3.4 무신호 장치인 발음기의 종류와 동작원리를 이해할 수 있다. 3.5 무신호기의 구성을 이해할 수 있다.
	【지식】 ○ 음향전파에 관한 기초이론 ○ 무신호와 항해학 기초(이용방법) ○ 음파의 간섭 및 회절 측정 ○ 음파의 분류 ○ 무신호 발음기의 동작원리 【기술】 ○ 음파를 이용하여 항로표지를 설치 할 수 있는 기술 및 기능각종 무신호기의 취급 【태도】 ○ 해상에서 현장작업을 수행하는 직무로 특별히 안전사고 예방에 주의해야 한다. ○ 논리적 사고능력 ○ 창의적 문제 해결능력
코드명 c.4 등대·등표의 구조 및 안정성 이해하기	4.1 등대의 구조적 특성 및 기능을 이해할 수 있다. 4.2 등표, 도등, 지향등의 구조적 특성 및 기능을 이해할 수 있다. 4.3 등대·등표 등의 부속장치 배치에 대하여 이해할 수 있다.

항로표지

능력단위요소	수 행 준 거
	4.4 등대·등표 등의 설계기본조건 등을 이해할 수 있다.
	4.5 등대·등표등 의 재료의 특성을 알고 선택할 수 있다.
	4.6 등대·등표 등의 하중 및 외력 영향을 판단할 수 있다.
	4.7 등대·등표 등의 기초 안정성에 대하여 이해할 수 있다.
	【지식】 ○ 광파표지의 설계 및 배치 ○ 광파표지 구성 ○ 광파표지 유지관리 ○ 토목공학 이론 ○ 광파표지 부속장비의 배치 ○ 조석, 조류, 파고 등 해상환경 여건에 대한 이해 【기술】 ○ 등대의 구조, 역할, 등표의 구조에 대한 지식을 갖고 시설물의 축조 현장에서 관리할 수 있는 능력. ○ 등대·등표의 안정성 진단기술 【태도】 ○ 해상에서 현장작업을 수행하는 직무로 특별히 안전사고 예방에 주의해야 한다. ○ 논리적 사고능력 ○ 창의적 문제 해결능력
코드명 c.5 **부표류의 구조 및 안정성 이해하기**	5.1 부표류의 구조적 특성 및 기능을 이해할 수 있다.
	5.2 부표류의 구성요소 및 부속장비를 이해할 수 있다.
	5.3 부표류의 종류와 기능을 이해할 수 있다.
	5.4 부표류의 설치의 기본 조건을 이해할 수 있다.
	5.5 부표류의 파주력과 외력의 영향을 이해할 수 있다.
	5.6 부표류의 기능유지 및 안정성을 확보할 수 있다.
	5.7 부표류의 도색과 형상을 이해할 수 있다

능력단위요소	수 행 준 거
	【지식】 ○ 부표류의 취급에 대한 현장 경험 ○ 부표류에 대한 기초 ○ 부표류에 대한 국내 및 국제적 기준 ○ 유체력에 대한 이론 ○ 부표류의 장치의 구성요소 및 동작이론 【기술】 ○ 부표류의 설치 및 기능유지에 대한 기술 ○ 부표류의 안정성 진단기술 【태도】 ○ 해상에서 현장작업을 수행하는 직무로 특별히 안전사고 예방에 주의해야 한다. ○ 논리적 사고능력 ○ 창의적 문제 해결능력

◆ 작업상황

고려사항

- 광파표지와 관련한 제반적 광의 특성과 에너지에 대한 사항을 이해하고 광원을 이용한 항로표지 원리를 이해할 수 있다
- 광파표지의 종류, 각 기기의 특성, 용도 등 기능에 대하여 이해할 수 있다.
- 음파표지의 종류, 용도, 특성 등 기능에 대한 사항을 이해할 수 있다.
- 등대 및 등표 등의 구조를 이해하고 안정성을 확보할 수 있다.
- 부표류(등부표, 부표, 랜비, 스파브이)의 효율적으로 설치 및 안정성을 확보할 수 있다.

자료 및 관련서류

- 항로표지(광파용)
- 항로표지업무편람
- 등대·등표설계도
- 항로표지일반, 전기, 전자기초, 광파, 음파표지, 전파표지 및 시스템 이용 관련 국내외의 인터넷사이트, 학회 및 학술지, 논문 및 연구자료 등

항로표지

장비 및 도구(재료 포함)

- 항로표지(광파용)
- 공기압축기
- 음압시험기
- 등대부속장비
- 부표류
- 태양전지판
- 광도계
- 스펙트럼기
- 발동기
- 광학용 기초도구(거울, 렌즈 등)
- 제도용구

- 무신호기
- 회로시험기
- 등탑(최소형/모형)
- 원격제어장치
- 부표류 부속장비
- 표준광원
- 조도계
- 광파표지용 등명기(일반, LED)
- 등부표
- 작업공구세트
- 도색기구세트 등

◆ 평 가 지 침

평가방법

- 평가자는 이 능력단위의 수행준거에 제시되어 있는 내용을 평가하기 위해 이론과 실기를 나누어 평가하거나 종합적인 결과물의 평가 등 다양한 평가 방법을 사용할 수 있다.
- 피 평가자의 과정평가로는 다음의 평가 방법을 권장한다.
  - 일상적인 면담
  - 관찰기록모음
  - 학습 일지
  - 자기평가(구두 혹은 글)
  - 보고서
  - 행동점검표
- 피 평가자의 결과물 평가로는 다음의 평가 방법을 권장한다.
  - 과제진술과 채점기준이 있는 프로젝트, 포트폴리오
  - 교육생의 시범/연구, 조사결과물
  - 태도 점검표, 질문지
  - 선다형시험, 단답형 및 서술형 주관식시험 등

항로표지

평가시 고려사항

- 평가자는 피 평가자가 수행준거 및 평가내용에 제시되어 있는 내용을 성공적으로 수행할 수 있는지를 평가해야 한다.
- 작업 수행과정을 면밀히 관찰하고 각 작업 수행과정에 따른 숙련도, 정밀도, 안전성 등을 공정하고 객관성 있게 평가하여야 한다.
- 평가자는 다음사항을 평가해야 한다.
    - 빛의 전파(propagation) 특성에 대한 이해
    - 각종 광원의 형태 및 종류의 특징에 대한 이해
    - 광파표지의 종류와 각 기기의 기능에 대한 이해
    - 등대, 등표, 등부표 등 등명기에 대한 구조 및 특성에 대한 이해
    - 광파표지의 섬광주기, 광달거리 및 등질에 대한 이해
    - 무신호 장치인 발음기의 종류와 동작원리에 대한 이해
    - 무신호기의 구성에 대한 이해
    - 등대의 구조적 특성 및 기능에 대한 이해
    - 등표, 도등, 지향등의 구조적 특성 및 기능에 대한 이해
    - 등대·등표 등의 설계기본조건 등에 대한 이해
    - 등대·등표 등의 기초 안정성에 대한 이해
    - 부표류의 구조적 특성 및 기능에 대한 이해
    - 부표류의 종류와 기능에 대한 이해

항로표지

코드명 :
능력단위명 : 전파표지 및 시스템이용
능력단위 정의 : 이 능력단위는 전파기초이론 및 전파표지일반, 쌍곡선항법시스템, 위성항법시스템, 레이더 표지, 특수신호시스템 등을 이해할 수 있는 능력이다.

능력단위요소	수 행 준 거
코드명 d.1 전파기초이론 및 전파표지일반 이해하기	1.1 전파의 성질에 대하여 이해할 수 있다. 1.2 전파의 주파수 및 전파의 특성에 대하여 이해할 수 있다. 1.3 전파표지의 특성 및 종류에 대하여 이해할 수 있다. 1.4 전파표지시스템 구성 및 특징에 대하여 이해할 수 있다. 1.5 전파표지의 펄스주기 및 사용범위에 대하여 이해할 수 있다. 1.6 안테나의 종류 및 특성에 대하여 이해할 수 있다. 【지식】 ○ 전기, 전자에 대한 기초이론 ○ 전파전파 및 안테나이론 ○ 주파수 분류 ○ 전파표지 시스템 구성 및 특징 【기술】 ○ 전파의 성질 이해 ○ 전파의 주파수 및 전파의 특성 ○ 전파표지의 종류 및 구분 ○ 안테나의 종류 및 특징 ○ 전파표지 시스템의 설치 ○ 전파표지의 펄스주기 및 사용범위 【태도】 ○ 해상에서 현장작업을 수행하는 직무로 특별히 안전사고 예방에 주의해야 한다. ○ 논리적 사고능력 ○ 창의적 문제 해결능력

능력단위요소	수행준거
코드명 d.2 쌍곡선항법 시스템 이해하기	2.1 전파기초이론 및 성질을 이해할 수 있다. 2.2 쌍곡선 항법이론을 이해할 수 있다. 2.3 쌍곡선항법에 사용되는 주파수를 이해할 수 있다. 2.4 지상파항법(Loran-C, eLoran)시스템 구성 및 체인을 이해할 수 있다. 2.5 지상파항법(Loran-C, eLoran)의 주국, 종국 송신시스템의 동작과 취급법을 이해할 수 있다. 2.6 지상파항법(Loran-C, eLoran)의 통제운영을 할 수 있다.
	【지식】 ○ 전파공학의 기초이론 ○ 쌍곡선 항법이론 ○ 지상파항법(Loran-C, eLoran)의 이해 ○ 지상파항법(Loran-C, eLoran) 시스템 ○ 지상파항법(Loran-C, eLoran)통제운영 【기술】 ○ 지상파항법(Loran-C, eLoran)의 항법장치의 동작원리와 이를 이용한 선박의 위치를 측정하는 기술 【태도】 ○ 해상에서 현장작업을 수행하는 직무로 특별히 안전사고 예방에 주의해야 한다. ○ 논리적 사고능력 ○ 창의적 문제 해결능력
코드명 d.3 위성항법시스템 이해하기	3.1 위성항법시스템의 기초적 사항을 이해할 수 있다. 3.2 위성항법시스템의 특성을 이해할 수 있다. 3.3 위성항법시스템의 구성에 대한 동작이론을 이해할 수 있다.

항로표지

능력단위요소	수행준거
	3.4 위성항법보정시스템의 종류와 시스템 특성을 이해할 수 있다.
	3.5 우리나라의 위성항법보정시스템 운영을 이해할 수 있다.
	3.6 (D)GNSS 수신장치의 동작개요와 특징을 이해할 수 있다.
	3.7 위성항법(보정)시스템의 국제동향 및 기준을 이해할 수 있다.
	【지식】 o 전자공학 일반 o 위성항법 개요 및 이론 o 전파전파이론 【기술】 o (D)GNSS장치를 이용한 위치정보 습득 및 활용에 대한 기술 【태도】 o 논리적 사고능력 o 창의적 문제 해결능력
코드명 d.4 레이더 표지 이해하기	4.1 마이크로파(Micro wave) 전파(Propagation)특성을 이해할 수 있다.
	4.2 레이더의 동작원리를 이해할 수 있다.
	4.3 레이더 항법기초 및 표지이론을 이해할 수 있다.
	4.4 물체의 방위와 위치를 측정할 수 있다.
	4.5 레이더 반사기를 이해할 수 있다.
	【지식】 o 전파(Radio Wave) 전파(Propagation)이론 o 레이더 기초 o PPI(plan position indicator) 레이더의 구조와 동작원리 o Micro wave 안테나 이론

능력단위요소	수 행 준 거
	【기술】 ○ 레이더를 이용하여 물체의 방위 및 위치를 측정하는 표지기술 【태도】 ○ 논리적 사고능력 ○ 창의적 문제 해결능력
코드명 d.5 특수신호시스템(조류, 해양기상, 선박통항, AtoN AIS) 이해하기	5.1 조류, 해류 및 해양기상의 기초이론을 이해할 수 있다. 5.2 해상기상신호시스템 특성을 이해할 수 있다. 5.3 AtoN AIS시스템의 구성과 특성을 이해할 수 있다. 5.4 AtoN 데이터 메시지 확인 운영체계를 이해할 수 있다. 5.5 해양기상 및 항로표지 정보제공시스템과 운영체계를 이해할 수 있다. 5.6 AtoN AIS 송·수신장비의 성능 및 기준을 이해할 수 있다. 5.7 조류신호표지의 개요 및 운영을 이해할 수 있다. 5.8 해상교통관제시스템(VTS : Vessel Traffic Service)의 특성을 이해할 수 있다.
	【지식】 ○ 조류 및 해류, 해양기상 기초이론 ○ AtoN AIS 시스템의 기초이론 ○ 해상교통관제시스템 및 해양기상신호표지의 동작원리와 운영 【기술】 ○ 해상안전을 위한 특수신호표지의 동작원리, 운영에 관한 기술 【태도】 ○ 논리적 사고능력 ○ 창의적 문제 해결능력

항로표지

◆ 작 업 상 황

고려사항

- 전파를 이용한 전파표지의 원리와 장치의 작동원리를 이해할 수 있다.
- 쌍곡선항법을 응용한 장치인 지상파항법(Loran-C, eLoran)시스템의 원리를 이해할 수 있다.
- 위성항법시스템의 특성과 구성에 대한 동작이론을 이해하고 위성항법보정시스템을 운영할 수 있다
- 레이더의 동작원리를 이해하고 레이더를 이용하여 물체의 방위와 위치를 측정할 수 있다.
- 선박안전을 위한 신호시스템을 안정하게 유지하고 운영할 수 있어야 한다.

자료 및 관련서류

- IALA권고서
- ITU권고서
- IEC권고서
- 항로표지업무편람
- 해도
- 항로표지일반, 전기, 전자기초, 광파, 음파표지, 전파표지 및 시스템 이용 관련 국내외의 인터넷사이트, 학회 및 학술지, 논문 및 연구자료 등

장비 및 도구(재료 포함)

- 전계강도측정기
- 주파수카운터
- LOARN-C수신기
- 레이더
- 의사안테나
- 접지저항측정기
- (D)GNSS 수신기
- 작업공구세트 등

- 오실로스코프
- 회로시험기
- DGPS 수신기
- 신호분석기
- 청진기
- 작업실(IALA 권고서, 항로표지업무편람 비치)
- 나침반

◆ 평 가 지 침

평가방법

- 평가자는 이 능력단위의 수행준거에 제시되어 있는 내용을 평가하기 위해 이론과 실기를 나누어 평가하거나 종합적인 결과물의 평가 등 다양한 평가 방법을 사용할 수 있다.
- 피 평가자의 과정평가로는 다음의 평가 방법을 권장한다.
  - 일상적인 면담
  - 관찰기록모음
  - 학습 일지
  - 자기평가(구두 혹은 글)
  - 보고서
  - 행동점검표
- 피 평가자의 결과물 평가로는 다음의 평가 방법을 권장한다.
  - 과제진술과 채점기준이 있는 프로젝트, 포트폴리오
  - 교육생의 시범/연구, 조사결과물
  - 태도 점검표, 질문지
  - 선다형시험, 단답형 및 서술형 주관식시험 등

평가시 고려사항

- 평가자는 피 평가자가 수행준거 및 평가내용에 제시되어 있는 내용을 성공적으로 수행할 수 있는지를 평가해야 한다.
- 작업 수행과정을 면밀히 관찰하고 각 작업 수행과정에 따른 숙련도, 정밀도, 안전성 등을 공정하고 객관성 있게 평가하여야 한다.
- 평가자는 다음사항을 평가해야 한다.
  - 전파표지의 특성 및 종류에 대한 이해
  - 전파의 주파수 및 전파의 특성에 대한 이해
  - 안테나의 종류 및 특성에 대한 이해
  - 쌍곡선 항법이론에 대한 이해
  - 지상파항법(Loran-C, eLoran)시스템 구성 및 체인에 대한 이해
  - 지상파항법(Loran-C, eLoran)의 주국, 종국 송신시스템의 동작과 취급법에 대한 이해
  - 위성항법보정시스템의 종류와 시스템 특성에 대한 이해
  - 위성항법시스템의 특성에 대한 이해

항로표지

- 위성항법시스템의 구성에 대한 동작이론에 대한 이해
- 레이더의 동작원리에 대한 이해
- 레이더 항법기초 및 표지이론에 대한 이해
- 물체의 방위와 위치 측정 능력
- 해양기상신호표지에 대한 특성 이해
- 해상교통관제시스템(VTS : Vessel Traffic Service)의 특성 이해
- AtoN AIS 시스템의 구성과 특성에 대한 이해
- 조류신호표지의 개요 및 운영

항로표지

코드명 :
능력단위명 : 항로표지의 전원관리
능력단위 정의 : 이 능력단위는 발동발전기, 태양광발전시스템, 파력 및 풍력 발전시스템, 전원의 배·전선, 충전기, UPS, 축전지를 점검 및 정비하고 유지관리하여 안정적으로 전원공급을 유지할 수 있는 능력이다.

능력단위요소	수행준거
코드명 e.1 발동발전기 점검정비 및 유지관리하기	1.1 비상전원설비기준을 이해할 수 있다. 1.2 전원 배선상태를 점검할 수 있다. 1.3 발전기의 출력전압, 전류를 확인할 수 있다. 1.4 축전지 상태를 점검할 수 있다. 1.5 발동기의 동작상태 및 각부의 오일상태를 점검할 수 있다. 1.6 발동발전기의 운전요령을 이해할 수 있다. 1.7 발전실의 안전사고 방지책을 이해할 수 있다.
	【지식】 ο 전기, 전자 기초지식 ο 기계 및 기관공학 기초 ο 발전공학 【기술】 ο 발동발전기의 동작원리와 유지보수를 위한 기술 【태도】 ο 발전기 안전운전 요령 습득 및 안전사고 방지 노력 ο 논리적 사고능력 ο 창의적 문제 해결능력
코드명 e.2 태양광발전시스템 점검정비 및 유지관리하기	2.1 태양전지판의 이상유무를 확인할 수 있다. 2.2 태양전지시스템 효율이 최대가 될 수 있도록 경사 각과 방향을 설정할 수 있다.

항로표지

능력단위요소	수 행 준 거
	2.3 태양전지판 고정장치 및 전지판 블록별 연결부위를 점검할 수 있다. 2.4 태양광발전장치의 배선상태를 점검할 수 있다. 2.5 전력조절기의 이상유무를 확인할 수 있다.. 2.6 태양광발전시스템의 각 요소를 확인할 수 있다.
	【지식】 ○ 전기, 전자기초 ○ 철골구조물 설치 및 제작기초 ○ 태양광 발전장치 운영기초 ○ 반도체공학, 전자공학, 충전방전이론 【기술】 ○ 태양전지를 이용한 발전장치를 구축하고 유지보수를 할 수 있는 기술 【태도】 ○ 논리적 사고능력 ○ 창의적 문제 해결능력
코드명 e.3 파력, 풍력발전설비시스템 점검정비 및 유지관리하기	3.1 파력, 풍력발전실비시스템의 상태를 확인할 수 있다. 3.2 축전지의 전압, 전류상태를 확인할 수 있다. 3.3 전선 및 배선상태를 확인할 수 있다. 3.4 전력조절기의 정상 작동상태를 확인할 수 있다. 3.5 자동전압조정기의 작동상태를 확인할 수 있다. 3.6 파력, 풍력발전실비시스템의 각 요소를 확인 할 수 있다.
	【지식】 ○ 전기, 전자에 대한 기초지식 ○ 기계공학에 대한 기초지식 ○ 파력, 풍력발전시스템의 기초지식 【기술】 ○ 전기 및 전자기기에 대한 현장 경험

능력단위요소	수 행 준 거
	【태도】 ○ 파력, 풍력발전시스템의 운영 경험 ○ 논리적 사고능력 ○ 창의적 문제 해결능력
코드명 e.4 전원의 배·전선 점검정비 및 유지관리하기	4.1 항로표지장비의 전력용량을 파악할 수 있다. 4.2 전력 소요 용량에 따른 배전선을 선택할 수 있다. 4.3 배전반을 점검하고 각종 차단기의 동작상태를 확인할 수 있다. 4.4 낙뢰방지기(피뢰기)를 설치하고 성능을 확인할 수 있다. 4.5 전기안전관리수칙을 준수할 수 있다. 【지식】 ○ 전기전자기초 ○ 송배전공학 ○ 전기이론 ○ 전기설비 기초 【기술】 ○ 해상안전을 위한 각종 신호장치의 동작전원을 정확하고 안정적으로 공급하기 위한 기술 【태도】 ○ 안전수칙 준수 ○ 논리적 사고능력 ○ 창의적 문제 해결능력
코드명 e.5 충전기, UPS 점검정비 및 유지관리하기	5.1 축전지의 충전 방전상태를 확인할 수 있다. 5.2 충전기의 용량과 공칭전압을 확인할 수 있다. 5.3 축전지의 연결단자를 점검하고 전압을 측정할 수 있다. 5.4 정류기(충전기) 및 인버터(Inverter)의 동작과 정격출력을 확인할 수 있다.

항로표지

능력단위요소	수 행 준 거
	5.5 정전 또는 외부에서의 전원 차단시에 UPS 동동을 확인할 수 있다.
	【지식】 ○ 전기전자이론 ○ 충전방전이론 ○ 축전지의 종류와 충전 방법 ○ 부동충전회로 동작원리 ○ 무정전 전원장치 동작이론 【기술】 ○ 각종 표지장치의 전원을 안정하게 유지시키기 위한 전원장치의 구성 동작원리 유지보수에 대한 기술 【태도】 ○ 논리적 사고능력 ○ 창의적 문제 해결능력
코드명 e.6 축전지 점검정비 및 유지관리하기	6.1 축전지의 취급요령 및 절차를 확인할 수 있다. 6.2 충·방전상태 및 전압/전류측정을 할 수 있다. 6.3 전해액 비중을 측정할 수 있다. 6.4 극판 및 단자를 점검할 수 있다. 6.5 전조 및 커버를 점검할 수 있다. 6.6 전해액면 확인 및 보충작업을 할 수 있다. 6.7 주입구 누수확인을 할 수 있다.
	【지식】 ○ 전기, 전자에 대한 기초지식 ○ 축전지 이론 【기술】 ○ 전기 및 전자기기에 대한 현장 경험 ○ 선박 승선 및 축전지 해상작업 경험 【태도】 ○ 논리적 사고능력 ○ 창의적 문제 해결능력

◆ 작 업 상 황

고려사항

- 항로표지장치에 사용되는 비상용 발동발전기를 항상 운전 가능한 상태로 유지관리하여 긴급시에 작동시킬 수 있다.
- 태양광발전장치의 성능을 최대한 유지할 수 있다.
- 파력 및 풍력발전설비시스템이 최적의 성능 상태가 되도록 유지관리할 수 있다.
- 전원공급을 정확하게 확인하여 항로표지장비를 안정상태로 운영시킬 수 있다.
- 안정적 정원공급을 위하여 무정전 전원장치를 유지관리할 수 있다.
- 축전지로부터 전원공급을 안정적으로 수행할 수 있다.

자료 및 관련서류

- 비상전원설비기준
- 전기안전관리수칙
- 발동발전기점검, 태양광발전시스템점검, 전지점검 지침서 등
- 항로표지업무편람
- 해도
- 항로표지일반, 전기, 전자기초, 광파, 음파표지, 전파표지 및 시스템 이용 관련 국내외의 인터넷사이트, 학회 및 학술지, 논문 및 연구자료 등

장비 및 도구(재료 포함)

- 발전기
- 회로시험기
- 파력 및 풍력발전설비시스템
- 인버터
- 축전지
- 태양광발전장치(실험용)
- 충전기
- 비중계
- 작업공구세트, 오일주입구, 예비축전지, 절연테이프, 볼트, 너트, 표지관리선, 전해액, 증류수 등

◆ 평 가 지 침

평가방법

- 평가자는 이 능력단위의 수행준거에 제시되어 있는 내용을 평가하기 위해 이론과

항로표지

실기를 나누어 평가하거나 종합적인 결과물의 평가 등 다양한 평가 방법을 사용할 수 있다.
- 피 평가자의 과정평가로는 다음의 평가 방법을 권장한다.
  - 일상적인 면담
  - 관찰기록모음
  - 학습 일지
  - 자기평가(구두 혹은 글)
  - 보고서
  - 행동점검표
- 피 평가자의 결과물 평가로는 다음의 평가 방법을 권장한다.
  - 과제진술과 채점기준이 있는 프로젝트, 포트폴리오
  - 교육생의 시범/연구, 조사결과물
  - 태도 점검표, 질문지
  - 선다형시험, 단답형 및 서술형 주관식시험 등

평가시 고려사항

- 평가자는 피 평가자가 수행준거 및 평가내용에 제시되어 있는 내용을 성공적으로 수행할 수 있는지를 평가해야 한다.
- 작업 수행과정을 면밀히 관찰하고 각 작업 수행과정에 따른 숙련도, 정밀도, 안전성 등을 공정하고 객관성 있게 평가하여야 한다.
- 평가자는 다음사항을 평가해야 한다.
  - 발동발전기의 운전요령, 전원 점검방법에 대한 이해
  - 발전기의 출력전압, 전류에 대한 이해
  - 태양전지시스템 효율이 최대가 될 수 있도록 경사각 및 방향을 설정 능력
  - 전력조절기의 이상유무 확인 능력
  - 파력, 풍력발전설비시스템의 상태 확인능력
  - 전력조절기의 정상 작동상태 확인 능력
  - 전원의 안정적 공급 및 각종 차단기의 이상유무 확인
  - 축전지의 충전, 방전 상태 확인 능력
  - 정류기(충전기) 및 인버터(Inverter)의 동작과 정격출력 확인 능력
  - 축전지의 취급요령 및 절차 확인 능력
  - 충·방전상태 및 전압/전류측정 능력
  - 전해액면 확인 및 보충 요령

코드명 :

능력단위명 : 항로표지의 부속시설 및 장비관리

능력단위 정의 : 이 능력단위는 항로표지 시설물과 장비인 등탑괴 부속시설, 등명기, 레이콘을 점검정비하여 안정적으로 유지관리하고 항로표지이력카드를 관리할 수 있는 능력이다.

능력단위요소	수행준거
코드명 f.1 등탑 및 부속시설 점검 정비 및 유지관리하기	1.1 전반적인 등탑 및 주변의 안전을 확인할 수 있다. 1.2 등탑 내부 상판 및 출입문의 이상유무를 판단할 수 있다. 1.3 각종 잠금장치의 이상유무를 판단할 수 있다. 1.4 등탑 내의 환기, 누수, 도장, 전기배선 및 접지상태를 확인하고 유지관리할 수 있다. 1.5 부속시설의 축대 및 담장 등을 확인할 수 있다.
	【지식】 ㅇ 기상 및 해상기상 기초지식 ㅇ 해안구조물의 변화 ㅇ 풍화, 침식, 부식작용 【기술】 ㅇ 항로표지 시설물인 해안구조물을 안정적으로 보존하기 위한 기술능력 【태도】 ㅇ 논리적 사고능력 ㅇ 창의적 문제 해결능력
코드명 f.2 항로표지 장비 점검 및 유지관리하기	2.1 항로표지 장비의 제반 안전수칙을 이해할 수 있다. 2.2 항로표지장비 및 기기를 확인할 수 있다. 2.3 각종 장비의 예비부품 및 장비이력카드를 기록 관리할 수 있다.
	【지식】 ㅇ 전기일반 ㅇ 전기전자 기초

항로표지

능력단위요소	수 행 준 거
	【기술】 ㅇ 항로표지 시설물인 육상 및 해상구조물을 안정적으로 보존 하기위한 기술 및 기능 【태도】 ㅇ 안전수칙 준수 ㅇ 논리적 사고능력 ㅇ 창의적 문제 해결능력
코드명 f.3 등명기 점검정비 및 유지관리하기	3.1 등명기의 배선과 전원을 확인할 수 있다. 3.2 등명기의 회전장치를 확인할 수 있다. 3.3 일광변의 작동과 이상유무를 확인할 수 있다. 3.4 등명기의 상부부분의 구성요소 렌즈, 렌즈덥개, 색필터, 렌즈보호대, 조류방지봉, 전구교환기, 전구 등을 확인할 수 있다. 3.5 등명기의 하부부분 구성요소인 케이스, 섬광기, 일광변, 회전장치 등을 확인할 수 있다. 3.6 등명기의 광도 및 섬광주기를 측정할 수 있다. 3.7 등명기의 회전 조절기를 점검하고 조정할 수 있다. 3.8 등명기를 안정한 상태로 유지하기 위한 제반조치를 취할 수 있다.
	【지식】 ㅇ 전기일반 및 전자기초 이론 ㅇ 광학 기초 【기술】 ㅇ 해상안전을 위한 등명기시스템의 동작원리와 유지보수에 대한 기술, 기능 【태도】 ㅇ 논리적 사고능력 ㅇ 창의적 문제 해결능력
	4.1 레이콘의 구성과 원리를 이해할 수 있다. 4.2 레이콘의 작동상태를 점검할 수 있다.

능력단위요소	수행준거
코드명 f.4 레이콘 점검정비 및 유지관리하기	4.3 레이콘의 설치 위치 및 동작상태를 확인 할 수 있다. 4.4 레이콘의 전파발사신호 및 주기를 확인할 수 있다. 4.5 레이콘용 전원장치(AVR, 축전지, 태양광발전 등)를 확인할 수 있다. 4.6 레이콘의 수밀(Water-Proof)상태를 확인할 수 있다.
	【지식】 ○ 전기, 전자기초지식 ○ 항로표지에 대한 기초지식 ○ 마이크로파(Micro wave)전파(Propagation) 이론 및 특성 ○ 레이콘 시스템의 구성과 동작원리 【기술】 ○ 해상안전을 위한 신호장치인 레이콘의 동작 원리와 운영에 대한 기술 【태도】 ○ 논리적 사고능력 ○ 창의적 문제 해결능력
코드명 f.5 항로표지 이력카드 정리 및 관리하기	5.1 시설 및 장비의 기본사양을 기록 관리할 수 있다. 5.2 시설 및 장비의 사고내역을 기록 관리할 수 있다. 5.3 시설 및 장비의 수리내역을 기록 관리할 수 있다. 5.4 시설의 도장정비 내역을 기록 관리할 수 있다. 5.5 장비의 부품교환 내역을 기록 관리할 수 있다. 5.6 각종 부품현황을 기록 관리할 수 있다. 5.7 시설 및 장비의 최근상태를 기록 유지할 수 있다.
	【지식】 ○ 항로표지기초 ○ 전기, 전자공학기초

항로표지

능력단위요소	수 행 준 거
【기술】	○ 건축공학기초 ○ 각종 해상표지 장비의 동작 및 운영 ○ 항로안전을 위한 각종 장치의 유지보수 및 관리 기술
【태도】	○ 논리적 사고능력 ○ 창의적 문제 해결능력

◆ 작 업 상 황

고려사항

- 항로표지 시설물인 등탑과 부속시설을 안정적으로 유지관리할 수 있다.
- 항로표지 장비를 점검하여 최적의 상태로 유지관리 할 수 있다.
- 등명기의 동작을 안정하게 유지시킬 수 있다.
- 레이더표지(Racon: Radar beacon)의 동작원리를 이해하고 운영할 수 있다.
- 항로표지의 각종 시설 및 장비의 현재 상황을 확인하고 유지관리할 수 있다.

자료 및 관련서류

- 유지보수 체크리스트
- 장비이력카드
- 항로표지업무편람
- 항로표지일반, 전기, 전자기초, 광파, 음파표지, 전파표지 및 시스템 이용 관련 국내외의 인터넷사이트, 학회 및 학술지, 논문 및 연구자료 등

장비 및 도구(재료 포함)

- 누전탐지기
- 전기드릴
- 광도계
- 스톱워치
- 장비이력카드
- 페인팅기구세트, 작업공구세트 등
- 회로시험기
- 컴퓨터 및 주변기기
- 회전계
- (D)GNSS
- 부품현황리스트

◆ 평 가 지 침

평가방법

- 평가자는 이 능력단위의 수행준거에 제시되어 있는 내용을 평가하기 위해 이론과 실기를 나누어 평가하거나 종합적인 결과물의 평가 등 다양한 평가 방법을 사용할 수 있다.
- 피 평가자의 과정평가로는 다음의 평가 방법을 권장한다.
    - 일상적인 면담
    - 관찰기록모음
    - 학습 일지
    - 자기평가(구두 혹은 글)
    - 보고서
    - 행동점검표
- 피 평가자의 결과물 평가로는 다음의 평가 방법을 권장한다.
    - 과제진술과 채점기준이 있는 프로젝트, 포트폴리오
    - 교육생의 시범/연구, 조사결과물
    - 태도 점검표, 질문지
    - 선다형시험, 단답형 및 서술형 주관식시험 등

평가시 고려사항

- 평가자는 피 평가자가 수행준거 및 평가내용에 제시되어 있는 내용을 성공적으로 수행할 수 있는지를 평가해야 한다.
- 작업 수행과정을 면밀히 관찰하고 각 작업 수행과정에 따른 숙련도, 정밀도, 안전성 등을 공정하고 객관성 있게 평가하여야 한다.
- 평가자는 다음사항을 평가해야 한다.
    - 전반적인 등탑 및 주변의 안전 확인 능력
    - 등탑 내의 환기, 누수, 도장, 전기 배선 및 접지상태 확인 능력
    - 항로표지 장비의 제반 안전수칙에 대한 이해
    - 항로표지장비 및 기기의 확인 능력
    - 등명기의 상부 부분의 구성요소인 렌즈, 전구교환기 등 확인 능력
    - 등명기의 하부 부분 구성요소인 섬광기, 회전장치 등 확인 능력
    - 등명기의 광도 및 섬광주기 측정 능력
    - 레이콘의 구성과 원리 이해 능력
    - 레이콘의 설치 위치 및 동작 상태 확인 능력
    - 레이콘의 전파발사신호 및 주기 확인 능력

항로표지

코드명 :

능력단위명 : 부표류의 관리

능력단위 정의 : 이 능력단위는 항로표지의 고시 내용을 확인하고, 등부표·등명기 등을 안정적으로 유지시키고, 항로표지의 각종 장비를 관리할 수 있는 능력이다.

능 력 단 위 요 소	수 행 준 거
코드명 g.1 위치확인 등 고시 기능 유지관리하기	1.1 항로표지 고시내용을 확인할 수 있다. 1.2 변경, 신설된 고시내용의 정확성을 검토할 수 있다. 1.3 고시방법을 이해할 수 있다. 1.4 이용자를 통한 변경 고시된 내용을 확인할 수 있다. 1.5 고시내용의 기능 및 성능에 대한 현장을 확인할 수 있다.
	【지식】 ○ 항로표지기초 　　　　○ 항로표지 고시 요령 　　　　○ 각종 해상표지 장비의 동작 및 운영 【기술】 ○ 항로 안전을 위한 각종 장치의 유지보수 및 관리 기술 【태도】 ○ 논리적 사고능력 　　　　○ 창의적 문제 해결능력
코드명 g.2 표체 점검정비 및 유지관리하기	2.1 등부표의 위치를 확인할 수 있다. 2.2 표체의 파손 여부를 점검할 수 있다. 2.3 축전지실 수밀상태를 점검하고 보수할 수 있다. 2.4 태양광발전장치를 확인하고 보수할 수 있다. 2.5 새클(shackle), 고삐사슬, 사슬의 외관을 점검하고 보수할 수 있다.

능력단위요소	수 행 준 거
	2.6 번호판 및 표체의 도장상태를 확인하고 보수할 수 있다.
	2.7 두표 상태를 확인할 수 있다.
	2.8 레이더반사기(Reflector) 상태를 점검할 수 있다.
	【지식】 ㅇ 항로표지기초 ㅇ 전기, 전자공학기초 ㅇ 항해학기초 ㅇ 수력학 【기술】 ㅇ 항로안전을 위한 각종 장치 및 시설을 유지관리하기 위한 기술 【태도】 ㅇ 논리적 사고능력 ㅇ 창의적 문제 해결능력
코드명 g.3 등명기 점검정비 및 유지관리하기	3.1 등명기의 배선과 전원을 확인할 수 있다.
	3.2 등명기의 회전장치를 확인할 수 있다.
	3.3 일광변의 작동과 이상유무를 확인할 수 있다.
	3.4 등명기의 상부부분의 구성요소 렌즈, 렌즈덥개, 색필터, 렌즈보호대, 조류방지봉, 전구교환기, 전구 등을 확인할 수 있다.
	3.5 등명기의 하부부분 구성요소인 케이스, 섬광기, 일광변, 회전장치 등을 확인할 수 있다.
	3.6 등명기의 광도 및 섬광주기를 측정할 수 있다.
	3.7 점등시간 기록 및 집계(전구수명, 유지기준) 할 수 있다.
	3.8 등명기를 안정한 상태로 유지하기 위한 제반조치를 취할 수 있다.

항로표지

능력단위요소	수행준거
	【지식】 o 전기일반 및 전자기초 이론 o 항해학기초 o 광학기초 o 해상교통법 이론 o 해상교통관제 시스템 및 해상기상 신호시스템의 동작원리와 운영 【기술】 o 해상안전을 위한 등명기 시스템의 동작원리와 유지보수에 대한 기술 및 기능 【태도】 o 논리적 사고능력 o 창의적 문제 해결능력

◆ 작업상황

고려사항

- 항로표지의 고시 기능을 유지하여 선박의 안전 항행에 도움을 줄 수 있다.
- (등)부표의 정상적인 상태를 유지시킬 수 있다.
- 등명기의 동작을 안정하게 유지시킬 수 있다.
- 항로표지의 각종 시설 및 장비의 현재 상황을 확인하고 유지관리할 수 있다.

자료 및 관련서류

- 항로표지 고시
- 해도
- 항로표지업무편람
- 장비이력카드
- 항로표지일반, 전기, 전자기초, 광파, 음파표지, 전파표지 및 시스템 이용 관련 국내외의 인터넷사이트, 학회 및 학술지, 논문 및 연구자료 등

장비 및 도구(재료 포함)

- 컴퓨터 및 주변기기
- 회로시험기
- (D)GNSS
- 초시계, 작업공구세트 등

❖ 평 가 지 침

평가방법

- 평가자는 이 능력단위의 수행준거에 제시되어 있는 내용을 평가하기 위해 이론과 실기를 나누어 평가하거나 종합적인 결과물의 평가 등 다양한 평가 방법을 사용할 수 있다.
- 피 평가자의 과정평가로는 다음의 평가 방법을 권장한다.
  - 일상적인 면담
  - 관찰기록모음
  - 학습 일지
  - 자기평가(구두 혹은 글)
  - 보고서
  - 행동점검표
- 피 평가자의 결과물 평가로는 다음의 평가 방법을 권장한다.
  - 과제진술과 채점기준이 있는 프로젝트, 포트폴리오
  - 교육생의 시범/연구, 조사결과물
  - 태도 점검표, 질문지
  - 선다형시험, 단답형 및 서술형 주관식시험 등

평가시 고려사항

- 평가자는 피 평가자가 수행준거 및 평가내용에 제시되어 있는 내용을 성공적으로 수행할 수 있는지를 평가해야 한다.
- 작업 수행과정을 면밀히 관찰하고 각 작업 수행과정에 따른 숙련도, 정밀도, 안전성 등을 공정하고 객관성 있게 평가하여야 한다.
- 평가자는 다음사항을 평가해야 한다.
  - 항로표지 고시내용 확인, 고시방법 이해
  - (등)부표의 위치를 확인, 표체의 파손 여부 확인
  - 새클(shackle), 고삐사슬, 사슬의 외관 확인 및 보수
  - 번호판 및 표체의 도장상태 확인
  - 등명기의 상부부분 구성요소인 렌즈, 전구교환기 등 확인
  - 등명기의 하부부분 구성요소인 섬광기, 회전장치 등 확인
  - 등명기의 광도 및 섬광주기 측정

항로표지

코드명 :
능력단위명 : 항로표지 시스템의 운영
능력단위 정의 : 이 능력단위는 해양교통시설통합관리시스템과 항로표지의 동기점멸방식, LORAN-C 및 위성항법보정시스템, 조류신호 시스템 운영 등을 통하여 선박의 안정 항행을 지원할 수 있는 능력이다.

능력단위요소	수 행 준 거
코드명 h.1 해양교통시설통합관리 시스템 운영하기	1.1 해양교통시설통합관리시스템의 제원(Spec)을 이해하고 작동상태를 확인할 수 있다. 1.2 해양기상신호표지의 특성을 이해할 수 있다. 1.3 AtoN AIS 시스템의 구성과 특성을 이해할 수 있다. 1.4 AtoN AIS 메시지 확인 운영체계를 이해할 수 있다. 1.5 해양기상 및 항로표지 정보제공시스템과 운영체계를 이해할 수 있다. 1.6 AtoN AIS 송·수신장비의 성능 및 기준을 이해할 수 있다. 1.7 항로표지 기능을 실시간으로 확인할 수 있다. 1.8 입력, 출력 제어신호를 점검할 수 있다. 1.9 해양교통시설통합관리시스템의 고장에 신속하게 대처할 수 있다.
	【지식】 ○ 전기일반 및 전자기초 이론 ○ 무선공학 ○ 해양기상학 【기술】 ○ 해상안전을 위한 표지 원격시스템의 동작원리와 유지보수에 대한 기술 및 기능

능력단위요소	수 행 준 거
	【태도】 ○ 논리적 사고능력 　　　 ○ 창의적 문제 해결능력
코드명 h.2 항로표지의 동기점멸방식 운영하기	2.1 배후광 영향을 최소화할 수 있다. 2.2 등광의 시인효과를 높일 수 있다. 2.3 등광의 작동상태를 확인할 수 있다. 2.4 동기점등 및 소등시각을 결정할 수 있다. 2.5 동기 점멸주기를 확인할 수 있다.
	【지식】 ○ 전기일반 및 전자기초이론 　　　 ○ 항법 및 해도이해 　　　 ○ 광학기초 【기술】 ○ 해상안전을 위한 등명기시스템의 동작원리 　　　　 와 유지보수에 대한 기술 및 기능 【태도】 ○ 논리적 사고능력 　　　 ○ 창의적 문제 해결능력
코드명 h.3 Loran-C 운영하기	3.1 시스템 운영규정을 확인할 수 있다. 3.2 시스템 취급 주의사항을 이해할 수 있다. 3.3 LORAN-C 송신 출력을 감시할 수 있다. 3.4 송신주파수를 모니터링 할 수 있다. 3.5 주파수 오차측정 및 교정작업(Calibration)을 수행할 수 있다 3.6 주·종국간의 연락체계를 확인할 수 있다. 3.7 LORAN-C 체인의 운영상태를 이해할 수 있다. 3.8 LORAN-C 체인의 정밀도를 확인할 수 있다.

항로표지

능력단위요소	수 행 준 거
	【지식】 o 전기일반 및 전자기초이론 　　　　 o 항해학기초 　　　　 o 안테나이론 　　　　 o 전파전파기초이론 【기술】 o 해상안전을 위한 해상교통관제시스템 및 해상기상 신호시스템의 동작원리이해와 운영능력 【태도】 o 논리적 사고능력 　　　　 o 창의적 문제 해결능력
코드명 h.4 위성항법보정 시스템 운영하기	4.1 (D)GNSS 신호를 이용하여 위치를 측정할 수 있다. 4.2 (D)GNSS 장치의 사용법을 이해할 수 있다. 4.3 (D)GNSS 시스템 구성 및 국제기준을 이해할 수 있다. 4.4 (D)GNSS의 수신 위치오차 계산을 할 수 있다. 4.5 (D)GNSS 위치신호 메시지(보정치. 무결성 등)를 송신할 수 있다. 4.6 (D)GNSS 시스템의 동작을 안정하게 유지시킬 수 있다. 4.7 (D)GNSS 시스템의 신뢰성을 확인할 수 있다. 4.8 (D)GNSS 시스템 시설물(송수신 장비 및 안테나)을 관리할 수 있다.
	【지식】 o 전기일반 및 전자기초이론 　　　　 o (D)GNSS 장비기준 　　　　 o 무선기기 　　　　 o 안테나 공학 　　　　 o 전파(Radio wave) 전파(Progpagation)이론 【기술】 o 해상 안전운행을 위한 DGPS시스템의 동작원리와 운영에 대한 기술 및 기능

항로표지

능력단위요소	수 행 준 거
	【태도】 ○ 논리적 사고능력 　　　　○ 창의적 문제 해결능력
코드명 h.5 조류신호시스템 운영하기	5.1 조류 해류 및 해양기상의 기초이론을 이해할 수 있다. 5.2 조류신호소의 각종 장치 구성요소와 동작을 확인할 수 있다. 5.3 조류의 유향, 유속을 측정하는 시스템의의 동작원리를 이해할 수 있다. 5.4 송수신기, 센서와 송수신기를 연결하는 해저케이블을 유지관리할 수 있다. 5.5 센서신호를 처리하는 조류측정시스템을 유지관리할 수 있다. 5.6 자동방송시스템(ARS)을 관리하고 운영할 수 있다. 5.7 네트워크시스템을 관리하고 운영할 수 있다. 5.8 조류신호소의 조류측정 및 표시시스의 기능 및 상태를 실시간으로 확인할 수 있다.
	【지식】 ○ 전기일반 및 전자기초 이론 　　　　○ 항해학 기초 　　　　○ 조석 및 조류에 대한 기초 　　　　○ 해상교통관제시스템 및 해양기상신호시스템의 동작원리와 운영 　　　　○ 센서이론 　　　　○ 워크스테이션 컴퓨터 운영 【기술】 ○ 해상안전을 위해 조류에 대한 정보를 실시간으로 선박에 시각적으로 제공하기 위한 기술 및 기능 【태도】 ○ 논리적 사고능력 　　　　○ 창의적 문제 해결능력

항로표지

◆ 작 업 상 황

고려사항

- 해양교통시설통합관리시스템의 관리를 정상적으로 운영할 수 있다.
- 항로표지의 시인성을 높여 기능을 향상시킬 수 있다.
- 정확한 신호 송신으로 선박이 신호를 수신하여 자선의 위치를 정확하게 측정할 수 있다.
- 항해선박에 정확한 위치측정용 신호를 송신할 수 있다.
- 선박에 조류정보를 제공하여 안전항행을 지원할 수 있다.

자료 및 관련서류

- 해양교통시설통합관리시스템, (D)GNSS, RADAR 운영 매뉴얼
- LORAN-C 시스템 운영규정, 해상관계법령집
- 해도, 항로표지업무편람
- (D)GNSS 장비기준
- 항로표지일반, 전기, 전자기초, 광파, 음파표지, 전파표지 및 시스템 이용 관련 국내외의 인터넷사이트, 학회 및 학술지, 논문 및 연구자료 등

장비 및 도구(재료 포함)

- 컴퓨터 및 주변기기
- 고주파전력계
- (D)GNSS 송수신기
- 회로시험기
- 신호분석기
- 초시계, 작업공구세트 등

◆ 평 가 지 침

평가방법

- 평가자는 이 능력단위의 수행준거에 제시되어 있는 내용을 평가하기 위해 이론과 실기를 나누어 평가하거나 종합적인 결과물의 평가 등 다양한 평가 방법을 사용할 수 있다.
- 피 평가자의 과정평가로는 다음의 평가 방법을 권장한다.
  - 일상적인 면담

항로표지

- 관찰기록모음
- 학습 일지
- 자기평가(구두 혹은 글)
- 보고서
- 행동점검표
• 피 평가자의 결과물 평가로는 다음의 평가 방법을 권장한다.
- 과제진술과 채점기준이 있는 프로젝트, 포트폴리오
- 교육생의 시범/연구, 조사결과물
- 태도 점검표, 질문지
- 선다형시험, 단답형 및 서술형 주관식시험 등

평가시 고려사항

• 평가자는 피 평가자가 수행준거 및 평가내용에 제시되어 있는 내용을 성공적으로 수행할 수 있는지를 평가해야 한다.
• 작업 수행과정을 면밀히 관찰하고 각 작업 수행과정에 따른 숙련도, 정밀도, 안전성 등을 공정하고 객관성 있게 평가하여야 한다.
• 평가자는 다음사항을 평가해야 한다.
- 해양교통시설통합관리시스템의 제원(Spec) 이해 및 작동상태 확인 능력
- 해양기상신호표지의 특성 이해 능력
- AtoN AIS 시스템의 구성과 특성 이해 능력
- 항로표지의 기능 실시간 확인 능력
- 배후광 영향 최소화 능력
- 등광의 시인효과를 높일 수 있는 능력
- 시스템 운영규정 확인 능력
- LOARN-C 송신 출력 감시 능력
- LOARN-C 체인의 운영상태 이해 능력
- (D)GNSS시스템 구성 및 국제기준 이해 능력
- (D)GNSS 위치신호 메세지(보정치, 무결성 등) 송신 능력
- (D)GNSS시스템 시설물(송수신 장비 및 안테나) 관리 능력
- 조류신호소의 각종 장치 구성요소 및 동작 확인 능력
- 조류의 유향, 유속을 측정하는 시스템의 동작원리 이해 능력
- 조류신호소의 조류측정 및 표시시스템의 기능 및 상태 실시간 확인 능력

항로표지

<부 록>

■ 항로표지 직무구조도

책 무 (Duty)	작 업 (Task)			
A 항로표지일반	A-1 항로표지개론 이해하기	A-2 항로표지의 종류와 구조· 안전이해하기	A-3 지문항해학기초 이해하기	A-4 항로표지 관계법령 이해하기
	A-5 IALA해상부표식 이해하기			
B 전원시스템	B-1 전기·전자기초 이론 이해하기	B-2 전지기초이론 이해하기	B-3 발동발전시스템 이해하기	B-4 태양광발전 시스템 이해하기
	B-5 파력·풍력발전 시스템 이해하기			
C 광파·음파표지	C-1 항로표지와 광학기초 이해하기	C-2 광파표지 이해하기	C-3 음파표지 이해하기	C-4 등대·등표의 구조 및 안정성 이해하기
	C-5 부표류의 구조 및 안정성 이해하기			
D 전파표지 및 시스템이용	D-1 전파기초이론 및 전파표지일반 이해하기	D-2 쌍곡선항법시스템 이해하기	D-3 위성항법시스템 이해하기	D-4 레이더 표지 이해하기
	D-5 특수신호시스템 (조류, 해양기상, 선박통항, AtoN A IS) 이해하기			

항로표지

Marine Aids to Navigation

E 항로표지의 전원관리	E-1 발동발전기 점검정비, 유지 관리하기	E-2 태양광발전시스템 점검정비 및 유지 관리하기	E-3 파력·풍력발전시스템 점검정비 및 유지 관리하기	E-4 전원의 배·전선 점검정비 및 유지 관리하기
	E-5 충전기, UPS 점검 정비 및 유지관리하기	E-6 축전지 점검정비 및 유지관리하기		

F 항로표지의 시설 및 장비관리	F-1 등탑 및 부속시설 점검정비, 유지관리하기	F-2 항로표지 장비 점검정비 및 유지관리하기	F-3 등명기 점검정비 및 유지 관리하기	F-4 레이콘 점검정비 및 유지 관리하기
	F-5 항로표지 이력카드 정리 및 관리하기			

G 부표류의 관리	G-1 위치확인 등 고시 기능 유지관리하기	G-2 표체 점검정비 및 유지관리하기	G-3 등명기 점검정비 및 유지 관리하기

H 항로표지시스템 의 운영	H-1 해양교통시설통합 관리시스템 운영하기	H-2 항로표지 동기 점멸방식 운영하기	H-3 LORAN-C 운영하기	H-4 위성항법보정 시스템 운영하기
	H-5 조류신호시스템 운영하기			

부록

NCS양식을 활용한
(항공영상처리)직종 직무분석
(Aerial image Processing)

2012

항공영상처리 능력단위군

□ 항공영상처리 직무의 정의

항공사진 측량용 카메라를 사용하여 지형 및 대상물을 촬영하고, 영상지도제작에 필요한 자료를 처리하는 작업을 수행하는 일이다.

□ 항공영상처리 직무의 능력단위

능력단위군	코드명	능력단위명	페이지
항공영상처리		계획 및 항공사진촬영	169
		영상지도제작 및 품질검사	174

항공영상처리

Aerial image Processing

코드명 :
능력단위명 : 계획 및 항공사진촬영
능력단위 정의 : 이 능력단위는 계획 및 촬영, GPS/INS 처리, 영상제작 및 보안처리, 항공사진 및 영상 D/B구축 등을 수행하는 능력이다.

능력단위요소	수 행 준 거
코드명a.1 계획 및 촬영하기	1.1 촬영지역에 대한 기본 자료를 준비할 수 있다. 1.2 촬영 기본허가 외 촬영지역 주변 제한공역을 확인하고, 승인이 필요한 경우 해당기관에 비행승인을 요청할 수 있다. 1.3 촬영지역의 촬영기준면을 설정할 수 있다. 1.4 촬영 사용목적과 지형조건에 맞는 촬영계획을 수립할 수 있다. 1.5 기상을 종합 분석하여 촬영비행 여부를 결정할 수 있다.(METAR-현재기상, TAF-예보, 위성영상, 일기도, 현지관측) 1.6 촬영당일 관계기관에 촬영 전후결과 보고 후 승인을 받을 수 있다. 1.7 GPS수신 상태, 노출지수, 항공기 자세 등을 오차범위 안에서 촬영이 유지 되도록 항공기를 유도할 수 있다. 1.8 촬영상공에서 기상현황, 편류각, 최초진입지점, 촬영 우선순위 등을 고려하여 설계한 비행계획선을 지형과 일치하도록 항공기를 유도하여 양질의 촬영성과를 얻을 수 있다.
	【지식】 ㅇ 각종별 측량에 대한 지식 ㅇ 각종관계법 및 측량관계법규에 관한 지식 ㅇ 측량방법, 측량장비 등에 대한 지식 ㅇ 인공위성영상의 종류 및 특성, 처리장비 등에 대한 지식

계획 및 항공사진촬영

항공영상처리

능력단위요소	수 행 준 거
	【기술】 ○ 작업규정, 보안규정 및 공정관리에 관한 지식 ○ 범용GIS S/W을 통한 분석기술에 대한 지식 ○ OA사용, 예정공정표작성, 출입협조요청서 ○ 좌표계산, 장비점검, 측량조 편성 ○ 위험요인분석, 자료도면판독 ○ 범용GIS S/W분석기술 【태도】 ○ 창의적인 사고 ○ 문제해결 능력
코드명a.2 GPG/INS 처리하기	2.1 항공사진 촬영시 GPS와 INS의 GAP 유무를 확인할 수 있다. 2.2 지상 기준국을 선점 및 측량실시하고 데이터를 처리할 수 있다. 2.3 GPS-INS 처리에 의한 외부표정 요소를 산출할 수 있다. 【지식】 ○ 항공사진측량 ○ 측량관계법규 ○ 관련작업지침 ○ 측량계획수립 ○ GPS를 이용한 위치결정 ○ GPS 측량 및 자료처리 ○ INS 기본이론 ○ INS 조정법 및 관성항법 【기술】 ○ GPS_INS 처리 및 해석능력 ○ OA사용, 예정공정표작성, 측량일정관리 능력 【태도】 ○ 창의적인 사고 ○ 문제해결 능력
코드명a.3 영상제작 및 보안처리하기	3.1 촬영된 항공필름을 약품 처리하여 측량에 적합한 사진제작(밀착사진 및 양화필름)할 수 있다. 3.2 촬영된 디지털항공사진의 RAW 데이터를 후속공정을 거쳐 컬러영상으로 제작할 수 있다.

능력단위요소	수행준거
	3.3 아날로그 항공필름과 디지털항공사진은 국가보안 지침서에 의거하여 보안처리할 수 있다.
	【지식】 ○ 항공사진측량 ○ 관련작업지침 및 보안규정 ○ 카메라특성 및 판독 ○ 항공사진제작및 영상보정처리 【기술】 ○ 항공사진 처리기술(필름현상, 밀착사진, 양화 필름) ○ 영상처리 소프트웨어 활용기술, 포토샵 등 그래픽 툴의 활용기술 【태도】 ○ 창의적인 사고 ○ 문제해결 능력
코드명a.4 항공사진 및 영상 D/B 구축하기	4.1 속성 DB(촬영기록부, 사진주점파일, 관리파일 등) 를 제작할 수 있다. 4.2 영상 DB(GeoTiff, NIX)를 제작할 수 있다. 4.3 벡터 DB(주점 표정도 .shp파일)를 제작할 수 있다. 【지식】 ○ 속성자료구조에 관한 지식 ○ 데이터베이스관리시스템(DBMS)에 관한 지식 ○ 항공사진측량 ○ 측량관계법규 ○ 영상정보 DB구축지침 ○ GIS S/W에 관한 지식 【기술】 ○ OA사용 및 메타데이터 작성 능력 ○ 속성정보자료 작성 능력 ○ 도형자료 작성 능력 【태도】 ○ 진취적이고 체계적인 사고방식 ○ 관련법규 숙지의지, 경험적 사고, 신중함, 정확성, 책임감

항공영상처리

◆ 작 업 상 황

고려사항

- 항공기에 항공사진측량용 카메라를 탑재하여 항공사진 및 각종 영상촬영을 수행하기 위한 촬영계획을 수립하고 실무에 관련된 장비 및 소요자재 등을 준비하여야 한다.
- 지상기준국의 GPS자료와 항공기에 부착된 GPS 및 INS의 각도 및 가속도자료로부터 정확한 항공기의 위치를 산출 처리
- 항측용카메라를 사용하여 지형지물을 촬영한 각종영상(필름, 디지털영상, LiDAR, 다방향카메라 영상)을 보안검열을 필한 후 최종 영상데이터를 제작하여야 한다.
- 항공사진을 관련기관 시스템에서 활용할 수 있도록 데이터베이스를 구축하여야 한다.

자료 및 관련서류

- 항공사진측량, 측량관계법규
- 보안규정
- 국내외의인터넷사이트나, 잡지자료
- GPS 측량기술
- 인공위성영상

장비 및 도구(재료 포함)

- 컴퓨터
- 항공카메라
- 인화기
- 비행계획프로그램
- 필름, 인화지, 복사지
- 조정계산프로그램
- 디지털카메라
- 무전기 또는 휴대폰
- 계산기
- 현상기
- OA프로그램
- 영상처리프로그램
- GPS관측장비
- 휴대용GPS
- 지형도
- 출력장치(프린터 및 컬러플로터)

◆ 평 가 지 침

평가방법

- 평가자는 이 능력단위의 수행준거에 제시되어 있는 내용을 평가하기 위해 이론과 실기를 나누어 평가하거나 종합적인 결과물의 평가 등 다양한 평가 방법을 사용할

수 있다.
- 피 평가자의 과정평가로는 다음의 평가 방법을 권장한다.
  - 일상적인 면담
  - **관찰기록모음**
  - 학습 일지
  - 자기평가(구두 혹은 글)
  - **보고서**
  - 행동점검표
- 피 평가자의 결과물 평가로는 다음의 평가 방법을 권장한다.
  - 과제진술과 채점기준이 있는 프로젝트, 포트폴리오
  - **교육생의 시범/연구, 조사결과물**
  - **태도 점검표, 질문지**
  - 선다형시험 등

평가시 고려사항

- 평가자는 피 평가자가 수행준거 및 평가내용에 제시되어 있는 내용을 성공적으로 수행할 수 있는지를 평가해야 한다.
- 평가자는 다음사항을 평가해야 한다.
  - 각종별 측량에 대한 지식
  - 각종관계법 및 측량관계법규에 관한 지식
  - 인공위성영상의 종류 및 특성
  - 작업규정, 보안규정 및 공정관리에 관한 지식
  - 범용GIS S/W을 통한 분석기술에 대한 지식
  - 카메라특성
  - GPS 개요 및 구성
  - 속성자료구조에 관한 지식
  - 데이터베이스관리시스템(DBMS)에 관한 지식

항공영상처리

코드명 :
능력단위명 : 영상지도제작 및 품질검사
능력단위 정의 : 이 능력단위는 영상보정, 영상편집, 보안지역처리, 품질검사 등을 수행하는 능력이다.

능력단위요소	수 행 준 거
코드명b.1 영상보정하기	1.1 자료취득 플랫폼의 기계적인 불안정에 기인한 방사학적 왜곡요소를 보정할 수 있다. 1.2 구름, 연무, 대기 중의 물방울이나 먼지 등 대기 중의 산란 또는 흡수에 의한 방사학적 왜곡요소를 보정할 수 있다. 1.3 지형의 경사와 향에 기인하는 방사학적 왜곡요소를 보정할 수 있다. 1.4 지구의 곡률 등과 같은 여러 가지 기하학적 왜곡요소를 제거하거나 감쇄시킬 수 있다. 1.5 영상자료를 지도 자료로써의 효용성을 가질 수 있도록 특정 지도 프로젝션에 맞게 가공할 수 있다. 【지식】 ○ 영상자료의 방사학적 보정을 위한 지식 ○ 전자기에너지의 순환에 관련한 기초대기물리학적 지식 ○ 영상자료의 기하학적 보정을 위한 지식 ○ 다양한 지도 프로젝션 및 지리좌표체계에 대한 지식 ○ 영상보정 알고리즘에 요구되는 수학적, 통계학적 지식 【기술】 ○ 영상처리 소프트웨어 활용기술 【태도】 ○ 창의적인 사고 ○ 문제해결 능력 ○ 진취적이고 체계적인 사고방식

능력단위요소	수행준거
코드명b.2 영상편집하기	2.1 영상의 시각적 판독성을 향상시키기 위해 여러 가지 강조기법을 수행할 수 있다. 2.2 영상이 표현하고 있는 지형지물의 색상을 보다 자연색에 가깝도록 보정하거나 필요에 따라 인위적인 색상으로 수정할 수 있다. 2.3 고해상도 팬크로매틱(전정색) 영상과 저해상도 다중분광 영상을 병합하여 팬크로매틱 영상의 해상도를 갖는 컬러영상을 제작할 수 있다. 2.4 지도로 제작하고자 하는 범위를 절취하여 별도로 관리 또는 가공할 수 있다. 2.5 서로 분리되어 있는 영상을 특정 필요에 따라 하나의 파일로 집성할 수 있다. 【지식】 ○ 영상자료의 다양한 강조기법에 관한 지식 ○ 다중분광 밴드의 색합성 및 색배합에 관한 지식 ○ 다양한 해상도병합 기법에 관한 지식 ○ 영상의 절취 및 집성에 대한 지식 【기술】 ○ 영상처리 소프트웨어 활용기술 ○ 포토샵 등 그래픽 툴의 활용기술 【태도】 ○ 창의적인 사고 ○ 문제해결 능력 ○ 진취적이고 체계적인 사고방식
코드명b.3 보안지역처리하기	3.1 영상의 보안지역에 대한 위장처리 작업 시 주변 지형과의 이질감이 없도록 수행할 수 있다. 3.2 블러링 처리에 있어 대상지역을 명확히 인지하고 처리 기법에 맞게 수행할 수 있다. 3.3 해상도 저하 작업에 있어 대상지역을 명확히 인지하고 해상도 저하 작업을 수행한 후 원본 성과와 합성할 수 있다.

항공영상처리

능력단위요소	수행준거
	3.4 위장처리, 블러링처리 및 해상도 저하 작업 수행 후 원본 영상과의 합성 시 이질감이 발생하지 않도록 처리할 수 있다.
	3.5 보안지역에 대한 작업을 수행한 후 근거 자료를 반드시 삭제할 수 있다.
	【지식】 ○ 영상자료의 다양한 처리기법에 관한 지식 ○ 다중분광 밴드의 색합성 및 색배합에 관한 지식 ○ 다양한 해상도병합 기법에 관한 지식 ○ 영상의 집성 및 합성에 대한 지식 【기술】 ○ 영상처리 소프트웨어 활용기술 ○ 포토샵 등 그래픽 툴의 활용기술 【태도】 ○ 창의적인 사고 ○ 문제해결 능력 ○ 보안의식, 정확성, 정밀성, 책임감, 판단성
코드명b.4 품질검사하기	4.1 항공사진 촬영성과 촬영계획에 부합하는지 검사할 수 있다. 4.2 항공사진별 외부표정요소 성과를 검사할 수 있다. 4.3 항공영상 D/B구축 성과를 검사할 수 있다. 4.4 항공사진 보정처리 성과를 검사할 수 있다. 4.5 영상편집 성과를 검사할 수 있다. 4.6 보안지역 처리성과를 검사할 수 있다.
	【지식】 ○ 측량관계법규, 지도도식규정, 관련 작업규정에 관한 지식 ○ 오차론, 투영법, 좌표변환에 관한 지식 ○ 타원체고, 지오이드에 관한 지식 ○ 속성정보자료, 도형자료, 수치지도, GIS S/W에 관한 지식

항공영상처리

능력단위요소	수 행 준 거
【기술】	○ 육안검수, 프로그램검수, 현장검수에 관한 지식 ○ 메타데이터에 관한 지식 ○ 전산 S/W운영기술 ○ CAD 및 OA운영기술 ○ 수치지도제작기술
【태도】	○ 창의적인 사고 ○ 문제해결 능력 ○ 과학적인 사고 ○ 정확성, 정밀성, 책임감, 판단성

◆ 작업상황

고려사항

- 영상지도를 제작하기에 앞서서 영상이 가지고 있는 원천적인 오차요소를 보정하여 보다 정확하고 정밀한 지도 산출물을 제작하여야 한다.
- 영상자료의 시각적 판독성을 향상시키기 위한 색상보정, 해상도병합을 포함한 일련의 강조처리와 영상을 절취하거나 집성하여야 한다.
- 영상자료의 보안지역에 대한 식별이 불가능하도록 작업을 수행하여야하며 자료의 손실을 최소화하기 위한 위장처리, 블러링처리 및 해상도저하 작업을 수행하여야 한다.
- 종별 측량성과를 항목별로 구분하여 검사하여야 한다.

자료 및 관련서류

- 항공사진측량, 측량관계법규
- GPS 측량기술
- 보안규정
- 인공위성영상
- 영상자료의 다양한 처리기법
- 국내외의인터넷사이트나, 잡지자료

장비 및 도구(재료 포함)

- 컴퓨터

항공영상처리

- 항공카메라
- 현상기
- 인화기
- OA프로그램
- 비행계획프로그램
- 영상처리프로그램
- 필름, 인화지, 복사지
- GPS관측장비
- 조정계산프로그램
- 휴대용GPS
- 디지털카메라
- 지형도
- 무전기 또는 휴대폰
- 출력장치(프린터 및 컬러플로터)

◆ 평 가 지 침

평가방법

- 평가자는 이 능력단위의 수행준거에 제시되어 있는 내용을 평가하기 위해 이론과 실기를 나누어 평가하거나 종합적인 결과물의 평가 등 다양한 평가 방법을 사용할 수 있다.
- 피 평가자의 과정평가로는 다음의 평가 방법을 권장한다.
  - 일상적인 면담
  - **관찰기록모음**
  - 학습 일지
  - 자기평가(구두 혹은 글)
  - <u>보고서</u>
  - 행동점검표
- 피 평가자의 결과물 평가로는 다음의 평가 방법을 권장한다.
  - 과제진술과 채점기준이 있는 프로젝트, 포트폴리오
  - **교육생의 시범/연구, 조사결과물**
  - **태도 점검표, 질문지**
  - 선다형시험 등

평가시 고려사항

- 평가자는 피 평가자가 수행준거 및 평가내용에 제시되어 있는 내용을 성공적으로 수행할 수 있는지를 평가해야 한다.
- 평가자는 다음사항을 평가해야 한다.
    - 영상자료의 방사학적 보정을 위한 지식
    - 전자기에너지의 순환에 관련한 기초대기물리학적 지식
    - 다양한 지도 프로젝션 및 지리좌표체계에 대한 지식
    - 다중분광 밴드의 색합성 및 색배합에 관한 지식
    - 영상자료의 다양한 강조기법에 관한 지식
    - 다양한 해상도병합 기법에 관한 지식
    - 영상의 절취 및 집성에 대한 지식
    - 영상자료의 다양한 처리기법에 관한 지식
    - 영상의 집성 및 합성에 대한 지식

항공영상처리

<부 록>

■ 항공영상처리 직무구조도

책무(Duty)	작업(Task)			
A 계획 및 항공 사진촬영	A-1 계획 및 촬영하기	A-2 GPS/INS처리하기	A-3 영상제작 및 보안처리하기	A-4 항공사진 및 영상 D/B구축하기
B 영상지도제작 및 품질검사	B-1 영상보정하기	B-2 영상편집하기	B-3 보안지역처리하기	B-4 품질검사하기

NCS 양식을 활용한
(해양환경)직종 직무분석
(Ocean Environment)

2012

해양환경 능력단위군

□ 해양환경 직무의 정의

해양의 물리, 화학, 지질, 생물학적조사를 통해 해수의 물성(수온, 압력, 염분), 해저 지각의 구조적 운동, 해저퇴적물의 분포 및 특성, 연안과 대륙붕 및 심해에서의 퇴적작용과 퇴적물 분포양상, 해수 및 퇴적물을 구성하는 무기 및 유기성분, 용존산소량, 플랑크톤과 저서생물을 포함하여 해수에 서식하고 있는 일반적 생물군 등을 분석하고, 환경복원, 오염방제 등의 기술업무를 수행하는 직무

□ 직무의 능력단위

능력단위군	코 드 명	능 력 단 위 명	페 이 지
해양환경		해양물리조사	185
		해양화학조사	191
		해양지질조사	196
		해양생물조사	202
		해양환경복원	207

해양환경

코드명 :
능력단위명 : 해양물리조사
능력단위 정의 : 이 능력단위는 조석 및 조류관측, 해류관측, 수온 및 염분관측, 원격탐사 및 무인모니터링 등을 하는 능력이다

Ocean Environment

능력단위요소	수 행 준 거

코드명a.1
조석 및 조류관측하기
	1.1 관측위치를 설정할 수 있다.
	
	1.2 조위계를 설치할 수 있다.
	
	1.3 조위자료를 획득할 수 있다.
	
	1.4 유속계를 설치할 수 있다.
	
	1.5 유속자료를 획득할 수 있다.
	
	1.6 조석 및 조류 조화분석을 할 수 있다.
	
	【지식】 o 물리해양학
	       o 조위계, 유속계의 원리 및 운용
	       o 조화분석법
	       o 기조력, 조석표
	【기술】 o 조석표 사용 및 조류 측정
	       o 조화분석
	【태도】 o 논리적 사고 및 분석력
	       o 창의적 문제해결능력
	       o 세심한 관찰력

코드명a.2 해류 관측하기	2.1 관측계획을 설정할 수 있다. 2.2 유속계를 설치할 수 있다. 2.3 유향, 유속자료를 획득할 수 있다. 2.4 해류자료를 획득할 수 있다. 2.5 해류분석을 할 수 있다.

해양
물리
조사

해양환경

능력단위요소	수행준거
	【지식】 ○ 물리해양학 ○ 지형류와 취송류, 용승류와 침강류 ○ 해류에 작용하는 힘 ○ 엘니뇨와 라니냐 ○ 우리나라 근해의 해류 ○ 해수의 대순환 ○ 유속계의 종류 및 기능 【기술】 ○ 해류자료 분석 ○ 관측계획 설정 ○ 유속계 운용 【태도】 ○ 논리적 사고 및 분석력 ○ 창의적 문제해결능력 ○ 세심한 관찰력
코드명a.3 파랑 관측하기	3.1 관측계획을 설정할 수 있다. 3.2 파고계를 설치할 수 있다. 3.3 자료획득을 할 수 있다. 3.4 wave spectrum를 구할 수 있다. 3.5 파랑자료를 분석할 수 있다. 【지식】 ○ 물리해양학 ○ 파의 운동 및 풍파 ○ 파의 분류 ○ 파랑의 간섭과 중첩파 ○ 심해파와 천해파 ○ 내부파 【기술】 ○ 파랑관측용 기기의 운용 ○ 파랑자료의 분석 【태도】 ○ 논리적 사고 및 분석력 ○ 창의적 문제해결능력 ○ 세심한 관찰력

능력단위요소	수행준거
코드명a.4 수온 및 염분 관측하기	4.1 분석계획을 수립할 수 있다. 4.2 CTD를 운용할 수 있다. 4.3 자료를 획득 할 수 있다. 4.4 수온, 염분, 밀도의 자료를 분석할 수 있다. 4.5 수온, 염분 변화를 구할 수 있다. 4.6 지형류 계산을 할 수 있다.
	【지식】 ○ 물의 밀도 　　　　○ 밀도성층과 수괴 　　　　○ 해양의 밀도구조 　　　　○ T-S도, 해수용적 계산 　　　　○ 해양과 염분분포 　　　　○ 해수면조건의 기관 【기술】 ○ CTD 등 기기의 운용 　　　　○ 수온 염분자료를 이용한 해수분석 【태도】 ○ 논리적 사고 및 분석력 　　　　○ 창의적 문제해결능력 　　　　○ 세심한 관찰력
코드명a.5 원격탐사 및 무인 모니터링하기	5.1 인공위성 자료를 수집할 수 있다. 5.2 적외선(수온) 자료를 분석할 수 있다. 5.3 파랑(산란계) 자료를 분석할 수 있다. 5.4 해류자료를 분석할 수 있다. 5.5 해수면고도 자료를 분석할 수 있다. 5.6 식물성플랑크톤(엽록소-a) 자료를 분석할 수 있다.

해양환경

능력단위요소	수 행 준 거
	【지식】 ○ 물리해양학
	○ 각 자료의 분석
	○ 인공위성을 이용한 탐사원리
	○ 자료 처리 및 영상화
	【기술】 ○ 인공위성 자료의 분석
	○ 분석된 자료의 처리
	【태도】 ○ 논리적 사고 및 분석력
	○ 창의적 문제해결능력
	○ 세심한 관찰력

◆ 작 업 상 황

고려사항 → 각 성취수준

- 조석을 일으키는 원리를 이해하고 관측 장비를 이용해서 조석 및 조류관측을 하여 그 자료를 분석할 수 있다.
- 해류의 생성원인에 대한 기초지식을 바탕으로 해류의 측정을 위한 유속계의 종류 및 운용법을 알고 측정된 자료로부터 해류를 분석할 수 있다.
- 파랑의 생성원인과 관련 이론을 바탕으로 파랑의 측정을 위한 기기의 종류 및 운용법을 알고 측정된 자료로부터 파랑을 분석할 수 있다.
- 해수의 수온, 염분 및 밀도에 관한 지식을 바탕으로 CTD등의 기기를 운용하여 수온, 염분의 관측을 하고 그것을 바탕으로 해양의 밀도 분석과 수괴분석 등을 할 수 있다.
- 인공위성을 이용한 원격탐사의 원리를 이해하고 탐사자료를 바탕으로 해양의 물리적인 현상을 분석할 수 있어야 한다.

자료 및 관련서류

- 해양관련 법규
- 물리해양관련 관측장비 사용 매뉴얼
- 인공위성 이용 탐사 및 자료처리 운용 매뉴얼
- 해양학개론, 해양생태학, 해양계측학, 해수의 수질분석, 해양 관련 법규 관련 국내외의 인터넷사이트, 학회지 및 연구자료 등

해양환경

장비 및 도구(재료 포함)

- 인공위성
- 선박
- 조위계
- 유속계(RCM, ADCP, ARGO 부이 등)
- 파고계(웨이브 라이더)
- 컴퓨터 및 주변기기
- 해저압력계
- 웨이브 라이더
- CTD
- BT
- XBT
- 위성수신기
- 변환기 등

◆ 평 가 지 침

평가방법

- 평가자는 이 능력단위의 수행준거에 제시되어 있는 내용을 평가하기 위해 이론과 실기를 나누어 평가하거나 종합적인 결과물의 평가 등 다양한 평가 방법을 사용할 수 있다.
- 피 평가자의 과정평가로는 다음의 평가 방법을 권장한다.
  - 일상적인 면담
  - 관찰기록모음
  - 학습 일지
  - 자기평가(구두 혹은 글)
  - 보고서
  - 행동점검표
- 피 평가자의 결과물 평가로는 다음의 평가 방법을 권장한다.
  - 과제진술과 채점기준이 있는 프로젝트, 포트폴리오
  - 교육생의 시범/연구, 조사결과물
  - 태도 점검표, 질문지
  - 선다형시험, 단답형 및 서술형 주관식시험 등

해양환경

평가시 고려사항

- 평가자는 피 평가자가 수행준거 및 평가내용에 제시되어 있는 내용을 성공적으로 수행할 수 있는지를 평가해야 한다.
- 작업 수행과정을 면밀히 관찰하고 각 작업 수행과정에 따른 숙련도, 정밀도, 안전성 등을 공정하고 객관성 있게 평가하여야 한다.
- 평가자는 다음사항을 평가해야 한다.
  - 일반해양학의 기초이론과 조석표 사용 및 조류 측정, 조화분석 등의 조석과 관련된 내용을 이론적 평가로서 테스트하는 것이 바람직함
  - 해류에 작용하는 힘 및 기타 해류와 관련된 기초지식과 해류자료 분석, 관측 계획 설정, 유속계 운용 등의 실무 능력을 이론으로 평가하는 것이 적합함
  - 파랑에 관한 기초지식과 파랑관측용 기기의 운용, 파랑자료의 분석 등의 실무지식을 이론적으로 평가하는 것이 적합함
  - 수온, 염분에 관한 기본 지식과 CTD 등 기기의 운용, 수온 염분 자료를 이용한 해수 분석 등의 실무지식을 이론적으로 평가하는 것이 합당함
  - 인공위성을 이용한 원격탐사의 원리를 알고 있는 지, 그리고 인공위성 자료의 분석과 분석된 자료의 처리를 할 수 있는 지의 여부는 이론적인 테스트로서 평가하는 것이 적합함

해양환경

코드명 :
능력단위명 : 해양화학조사
능력단위 정의 : 이 능력 단위는 한장조사, 해수 중의 화학성분 조사, 퇴적물 화학분석하기, 방사선 동위원소의 해양화학적 이용 등을 하는 능력이다.

능력단위요소	수 행 준 거
코드명b.1 해양화학 현장조사하기	1.1 조사계획을 수립할 수 있다. 1.2 조사해역의 해수시료를 채취할 수 있다. 1.3 투명도판을 이용하여 투명도를 측정할 수 있다. 1.4 pH미터 또는 다항목수질측정기로 pH를 측정할 수 있다. 1.5 DO미터, 다항목수질측정기 도는 윙클러법으로 용존산소를 측정할 수 있다. 1.6 시료의 전처리를 할 수 있다. 1.7 조사자료를 분석할 수 있다. 【지식】 ○ 해수시료 채취 및 전처리법 ○ 용존산소 및 pH 기초이론 ○ 해양환경공정시험기준 【기술】 ○ 해수시료의 전처리 ○ 해양환경공정시험기준에 따른 분석 ○ 분석결과의 정리 【태도】 ○ 논리적 사고 및 분석력 ○ 창의적 문제해결능력 ○ 세심한 관찰력
코드명b.2 해수중의 화학성분 조사하기	2.1 조사하고자 하는 지역의 해수를 채취할 수 있다. 2.2 해양환경공정시험기준에 따라 해수 중 존재하는 화학성분을 측정할 수 있다.

해양환경

능력단위요소	수행준거
	2.3 측정자료의 정도관리를 수행할 수 있다.
	2.4 측정자료를 분석할 수 있다.
	【지식】 ○ 해수시료 채취 및 전처리법 　　　　○ 해주중의 화학성분 　　　　○ 해양환경공정시험기준 【기술】 ○ 해수시료의 전처리 　　　　○ 해양환경공정시험기준에 따른 화학적 분석 　　　　○ 분석결과의 정리 【태도】 ○ 논리적 사고 및 분석력 　　　　○ 창의적 문제해결능력 　　　　○ 세심한 관찰력
코드명b.3 퇴적물 화학분석하기	3.1 조사하고자 하는 지역의 퇴적물을 채취할 수 있다. 3.2 해양환경공정시험기준에 따라 퇴적물의 입도 특성을 분석할 수 있다. 3.3 해양환경공정시험기준에 따라 퇴적물 중에 존재하는 화학성분을 측정할 수 있다. 3.4 측정자료의 정도관리를 수행할 수 있다. 3.5 측정결과를 분석할 수 있다.
	【지식】 ○ 퇴적물시료 채취 및 전처리법 　　　　○ 퇴적물 중의 화학성분 　　　　○ 해양환경공정시험기준 【기술】 ○ 퇴적물시료의 전처리 　　　　○ 해양환경공정시험기준에 따른 화학적 분석 　　　　○ 분석결과의 정리 【태도】 ○ 논리적 사고 및 분석력 　　　　○ 창의적 문제해결능력 　　　　○ 세심한 관찰력

해양화학조사

능력단위요소	수 행 준 거
코드명 b.4 동위원소의 해양화학적 이용하기	4.1 분석하고자하는 대상을 선정할 수 있다. 4.2 대상에 적합한 동위원소를 선정할 수 있다. 4.3 동위원소를 측정할 수 있다. 4.4 측정결과를 분석할 수 있다. 【지식】 ㅇ 방사붕괴의 형태와 법칙 ㅇ 해양의 방사성 핵종 ㅇ 반응성 원소의 제거속도, 퇴적속도 및 망간 단괴 성장속도 등에 적용법 ㅇ 수괴 추척자로서의 방사성 동위원소 【기술】 ㅇ 동위원소의 선정 및 사용 ㅇ 결과분석 【태도】 ㅇ 논리적 사고 및 분석력 ㅇ 창의적 문제해결능력 ㅇ 세심한 관찰력

◆ 작업상황

고려사항

- 조사대상의 해수시료를 샘플링하고, 해수의 염분, DO, pH의 측정을 해양환경공정기준 및 기기를 이용하여 조사할 수 있다.
- 조사대상의 해수시료를 샘플링하고, 해양환경공정시험기준을 이용한 해수 중의 화학적성분을 조사할 수 있다.
- 조사대상의 퇴적물시료를 샘플링하고, 해양환경공정시험기준을 이용한 퇴적물의 입도 및 화학적성분을 조사할 수 있다.
- 해양에 존재하는 동위원소를 이용하여 분석하고자하는 여러 대상에 적용할 수 있다.

해양환경

Ocean Environment

자료 및 관련서류

- 해양관련 법규
- 해양환경공정시험기준
- 해양화학조사관련 조사 및 분석기기 사용 매뉴얼
- 해양학개론, 해양생태학, 해양계측학, 해수의 수질분석, 해양 관련 법규 관련 국내외의 인터넷사이트, 학회지 및 연구자료 등

장비 및 도구(재료 포함)

- 선박
- 청정시설
- 다목적 수질측정기
- 투명도 판
- 염분측정기
- pH 측정기
- DO 측정기
- 안정·불안정 동위원소분석기
- 분석용 컴퓨터
- 분광광도계 또는 영양염 자동분석기
- 원자흡광광도계 또는 ICP-MS
- TOC 분석
- 전기로
- 건조기 또는 동결건조기
- 입도분석기
- 원자흡광광도계 또는 ICP-MS
- CHN 분석기
- 초자기구, 시약류, BOD 병, 데시케이터, Filter 등

해양화학조사

◆ 평 가 지 침

평가방법

- 평가자는 이 능력단위의 수행준거에 제시되어 있는 내용을 평가하기 위해 이론과 실기를 나누어 평가하거나 종합적인 결과물의 평가 등 다양한 평가 방법을 사용할 수 있다.

- 피 평가자의 과정평가로는 다음의 평가 방법을 권장한다.
  - 일상적인 면담
  - 관찰기록모음
  - 학습 일지
  - 자기평가(구두 혹은 글)
  - 보고서
  - 행동점검표
- 피 평가자의 결과물 평가로는 다음의 평가 방법을 권장한다.
  - 과제진술과 채점기준이 있는 프로젝트, 포트폴리오
  - 교육생의 시범/연구, 조사결과물
  - 태도 점검표, 질문지
  - 선다형시험, 단답형 및 서술형 주관식시험 등

평가시 고려사항

- 평가자의 수행준거 및 평가내용에 제시되어 있는 내용을 숙지하고 요구사항을 수행할 수 있는지를 평가해야 한다.
- 작업 수행과정을 면밀히 관찰하고 각 작업 수행과정에 따른 숙련도, 정밀도, 안전성 등을 공정하고 객관성 있게 평가하여야 한다.
- 평가자는 다음사항을 평가해야 한다.
  - 화학해양학의 일반적인 내용과 해수시료의 전처리, 분석결과의 정리 등은 이론적인 실기평가로, 해양환경공정시험방법에 따른 화학적분석 등의 실무적인 부분은 작업형 실기평가로 하는 것이 적합함
  - 화학해양학의 일반적인 내용과 해수시료의 전처리, 분석결과의 정리 등은 이론적인 실기평가로, 해양환경공정시험방법에 따른 화학적분석 등의 실무적인 부분은 작업형 실기평가로 하는 것이 적합함
  - 화학해양학의 일반적인 내용과 해수시료의 전처리, 분석결과의 정리 등은 이론적인 실기평가로 하는 것이 적합함
  - 해양환경공정시험기준에 따른 화학적분석 등의 실무적인 부분은 작업형 실기평가로 하는 것이 적합함
  - 해양의 분석에 이용되는 방사성 동위원소에 대한 내용과 방사성 물질의 선정 및 사용, 결과분석 등의 실무 지식을 이론적인 평가로 테스트하는 것이 적합함

해양환경

코드명 :

능력단위명 : 해양지질조사

능력단위 정의 : 이 능력 단위는 해저지형, 해저지면, 해저지층을 조사하고, 퇴적물시료 채취 및 분석 등을 하는 능력이다.

능력단위요소	수행준거
코드명c.1 해저지형 조사하기	1.1 연안지형 측량작업 지역을 선정할 수 있다. 1.2 표준 측량장비를 활용할 수 있다. 1.3 측량자료를 획득할 수 있다. 1.4 자료분석을 할 수 있다. 1.5 지형정보를 파악할 수 있다. 1.6 연안지형을 도시할 수 있다.

	【지식】 o 지질해양학
	        o 표준측량장비의 운용
	        o 연안지형 및 지층에 대한 자료해석
	        o 위성수신장비 이론
	【기술】 o 연안지형탐사 및 해석 기술
	        o 측량장비 운용술
	【태도】 o 논리적 사고 및 분석력
	        o 창의적 문제해결능력
	        o 세심한 관찰력

코드명c.2 해저지형조사하기	2.1 탐사 작업구역을 선정하고, 해황(조석, 조류, 해류)을 고려하여 조사 측선을 설계할 수 있다. 2.2 음향 측심 장비의 현장 검보정(바체크, 수심별 음속 계측)과 자료의 후처리를 수행할 수 있다. 2.3 해저면 영상자료를 수집하여 후처리를 할 수 있다. 2.4 해저면의 형태 및 이상체 등을 분석할 수 있다.

능력단위요소	수행준거
	2.5 수심자료를 추출하여 도면을 제작하고, 해저지형을 분석할 수 있다.
	【지식】 ○ 지질해양학 ○ 해저지형 측심 방법 및 장비운용 ○ 위성항법시스템의 원리 ○ 해저지형에 대한 자료해석 ○ 해저면 및 수중 이상체 등에 반사되어 오는 음파특성 및 후방산란파에 대한 해석지식 【기술】 ○ 해저지형 음향측심기 및 위성항법시스템 운용술 ○ 해저지형 측심자료 후처리 방법 ○ 해저지형 가시화 방법 【태도】 ○ 논리적 사고 및 분석력 ○ 창의적 문제해결능력 ○ 세심한 관찰력
코드명c.3 해저지층 조사하기	3.1 탐사대상 지역의 저질특성 및 탐사목적을 고려하여 조사장비를 선정하고 조사 측선을 설계할 수 있다. 3.2 해저 지층은 일종의 탄성체로 탄성파 탐사를 실시하며, 해저지층탐사기 및 위성 항법시스템(DGPS)을 운용할 수 있다. 3.3 해저지층 탄성파 탐사 자료를 후처리 할 수 있다. 3.4 반사면의 형태와 강도 및 지층내부기록의 특성을 분석하여 해저지층의 양상을 분석할 수 있다.
	【지식】 ○ 해양퇴적학에 대한 기본지식 ○ Sub bottom profiler 및 위성항법시스템의 원리 ○ 퇴적층으로부터 반사되어 오는 음향상의 특성 이해 ○ 반사법 및 굴절법 탄성파 탐사의 원리 【기술】 ○ 고주파 및 저주파 음원에 따른 해저지층탐사 운용기술

해양환경

Ocean Environment

해양지질조사

능력단위요소	수 행 준 거
	○ 해저퇴적층 및 음향기반암에 대한 해석기술 ○ 천부·심부 탄성파 탐사 및 위성항법시스템 운용 기술 【태도】 ○ 논리적 사고 및 분석력 ○ 창의적 문제해결능력 ○ 세심한 관찰력
코드명 c.4 퇴적물 시료 채취 및 분석하기	4.1 표층퇴적물 시료를 채취할 수 있다. 4.2 표층퇴적물 시료를 분석할 수 있다. 4.3 입도 및 분급도 분석을 할 수 있다. 4.4 주상시료를 채취할 수 있다. 4.5 주상시료를 분석할 수 있다. 4.6 수직적 퇴적층 분포 양상을 분석할 수 있다. 4.7 오염퇴적층을 분석할 수 있다. 【지식】 ○ 표층퇴적물 및 수직퇴적층에 대한 기본지식 ○ 퇴적물의 특성, 운동 및 퇴적환경 ○ 해저퇴적물과 해양환경과의 관련성 ○ 연안, 대륙연변부, 심해저 퇴적환경 【기술】 ○ 해양퇴적물 시료채취기술 ○ 해양퇴적물 분석기술 ○ 해저퇴적층 탐사기술 및 해석기술 【태도】 ○ 논리적 사고 및 분석력 ○ 창의적 문제해결능력 ○ 세심한 관찰력

◆ 작 업 상 황

고려사항

- 표준측량장비 (광파측정기, RTK-GPS, LiDAR)를 이용하여 해빈 및 갯벌을 포함한 연안지형의 정확한 형태를 파악할 수 있다.
- 음향측심기(Echo Sounder) 및 측면주사 음파탐지기를 이용하여 해저지형의 형태, 수심, 해저 구조물의 위치 및 형상을 종합적으로 정밀조사할 수 있다.
- 해저지층탐사기(sub bottom profiler)를 이용하여 해저 지층에 반사되어 되돌아오는 음파(탄성파)의 물리적 성질을 분석하여 간접적으로 해저면이나 지층의 지질특성을 규명할 수 있다.
- 해저지질의 기초정보 제공을 위한 표층퇴적물 및 주상시료를 채취하여 입도 분석 및 화학적 분석을 실시하고 수직적인 퇴적층의 특성을 분석 할 수 있다.

자료 및 관련서류

- 해양관련 법규
- 해양지질조사관련 탐사 및 분석기기 사용 매뉴얼
- 위성수신장비 운용 매뉴얼
- 해양학개론, 해양생태학, 해양계측학, 해수의 수질분석, 해양 관련 법규 관련 국내외의 인터넷사이트, 학회지 및 연구자료 등

장비 및 도구(재료 포함)

- 선박
- AVT
- 광파측정기
- RTK-GPS
- LiDAR
- 인공위성위치측정기(Differential Global Positioning System)
- 단빔 또는 멀티빔 음향측심기(single or multi beam echo sounder)
- 음속측정기(Sound Velocity Profiler)
- 측면주사 음파탐지기(Side Scan Sonar)
- 모션센서(Motion Sensor), 자이로 센서(Gyro Sensor)
- 검조기(Tide Gauge)

해양환경

Ocean Environment

- 컴퓨터(자료취득 및 후처리 소프트웨어) 및 주변기기
- 측면주사 음파탐지기(Side Scan Sonar)
- 컴퓨터(자료취득 및 후처리 소프트웨어)
- 에어건(Air-gun)
- 부머
- 스파커 (Sparker)
- 수신기(Streamer)
- 버블펄스(Bubble Pulser)
- 첩(Chirp)
- Dredge(드렛지)
- Piston corer(피스톤 코아)
- 중력 코어(gravity core)
- 박스 코어(box core)
- 그랩(grab sampler)
- 건식체질 세트
- 표준 피펫 장비 세트
- 사진 촬영 세트
- 현미경
- 중력식 시추기
- 원통형·상자형 채니기(Dredge)
- 인공위성위치측정기(Differential Global Positioning System)

해양
지질
조사

◆ 평 가 지 침

평가방법

- 평가자는 이 능력단위의 수행준거에 제시되어 있는 내용을 평가하기 위해 이론과 실기를 나누어 평가하거나 종합적인 결과물의 평가 등 다양한 평가 방법을 사용할 수 있다.
- 피 평가자의 과정평가로는 다음의 평가 방법을 권장한다.
  - 일상적인 면담
  - 관찰기록모음
  - 학습 일지

- 자기평가(구두 혹은 글)
- 보고서
- 행동점검표
• 피 평가자의 결과물 평가로는 다음의 평가 방법을 권장한다.
  - 과제진술과 채점기준이 있는 프로젝트, 포트폴리오
  - 교육생의 시범/연구, 조사결과물
  - 태도 점검표, 질문지
  - 선다형시험, 단답형 및 서술형 주관식시험 등

평가시 고려사항

• 평가자는 피 평가자가 수행준거 및 평가내용에 제시되어 있는 내용을 성공적으로 수행할 수 있는지를 평가해야 한다.
• 작업 수행과정을 면밀히 관찰하고 각 작업 수행과정에 따른 숙련도, 정밀도, 안전성 등을 공정하고 객관성 있게 평가하여야 한다.
• 평가자는 다음사항을 평가해야 한다.
  - 지질해양학에 대한 기초지식과 수심측정에 대한 기초이론 및 개념파악, 자료의 분석 및 해석을 객관식 및 주관식을 병행하여 이론적으로 평가하는 것이 적합함
  - 지질해양학 및 측지계에 대한 기초지식과 수심측정에 대한 기초이론 및 개념파악, 그리고 조사 자료의 후처리방법을 객관식 및 주관식을 병행하여 이론적으로 평가하는 것이 적합함
  - 해저 표층퇴적물 및 주상 시료조사에 대한 기초이론 및 개념파악, 자료의 분석 및 해석을 객관식 및 주관식을 병행하여 이론적으로 평가하는 것이 적합함

해양환경

코드명 :

능력단위명 : 해양생물조사

능력단위 정의 : 이 능력 단위는 부유생물, 유영동물, 저서생물 등을 조사 및 분석을 하는 능력이다.

능력단위요소	수행준거
코드명d.1 부유생물 조사하기	1.1 작업지역을 선정할 수 있다. 1.2 채수 혹은 부유생물 표본을 채집(netting)할 수 있다. 1.3 시료를 고정할 수 있다. 1.4 기본환경 관측을 할 수 있다. 1.5 시료에 대한 정량·정성적 분석을 할 수 있다. 1.6 자료의 정리 및 전체 분석을 할 수 있다. 【지식】 o 일반해양학 및 생물학 　　　　 o 부유생물 채집법 　　　　 o 부유생물의 정성/정량분석법 　　　　 o 부유생물 생태학 및 분류학 　　　　 o 해양환경과 동·식물플랑크톤의 분포양상과 상관성 추정 【기술】 o 시료의 채집 　　　　 o 정량·정성적 분석 　　　　 o 부유생물 동정 【태도】 o 논리적 사고 및 분석력 　　　　 o 창의적 문제해결능력 　　　　 o 세심한 관찰력
코드명d.2 유영동물 조사하기	2.1 조사해역을 선정할 수 있다. 2.2 채집범위 및 방법을 선정할 수 있다. 2.3 조사선에서의 어로작업을 할 수 있다.

능력단위요소	수행준거
	2.4 채집된 유영동물 표본의 처리를 할 수 있다.
	2.5 해양환경 관측을 할 수 있다.
	2.6 표본의 정량·정성적 분석을 할 수 있다.
	2.7 자료의 정리 및 전체 결과분석을 할 수 있다.
	【지식】 ○ 일반해양학 및 생물학 ○ 유영동물 채집법 ○ 유영동물의 정량·정성 분석법 ○ 유영동물의 분류학 【기술】 ○ 표본의 채집방법 ○ 유영동물의 정량·정성분석 ○ 유영동물의 동정 【태도】 ○ 논리적 사고 및 분석력 ○ 창의적 문제해결능력 ○ 세심한 관찰력
코드명d.3 저서생물 조사하기	3.1 조사지역 및 샘플링 방법을 선정할 수 있다. 3.2 저인망(Dredge) 및 채니기(Grab)를 이용하여 저서생물을 채집할 수 있다. 3.3 방형구를 이용한 저서생물을 채집을 할 수 있다. 3.4 표본을 고정할 수 있다. 3.5 정량·정성적 조사를 할 수 있다. 3.6 자료의 정리 및 전체 결과분석을 할 수 있다.
	【지식】 ○ 생물해양학 및 일반 해양학 ○ 저서생물 채집법 ○ 해양생태학 및 저서생물분류학 ○ 저서생물 생태학

해양환경

Ocean Environment

능력단위요소	수 행 준 거
【기술】	○ 저서생물의 정량·정성 분석법 ○ 저서생물의 분류법 ○ 표본의 채집방법 ○ 저서생물의 정량·정성분석 ○ 저서생물의 동정
【태도】	○ 논리적 사고 및 분석력 ○ 창의적 문제해결능력 ○ 세심한 관찰력

해양
생물
조사

◆ 작 업 상 황

고려사항 → 각 성취수준

- 해수 내의 부유생물의 표본을 채집하여 정량·정성적 분석과 플랑크톤의 분포에 영향을 미치는 환경요인에 대해 해석 할 수 있다.
- 조사해역의 유영동물 조사를 위한 채집과 채집한 표본의 정량·정성적 분석 및 해양환경과의 관계를 분석할 수 있다.
- 조사해역의 저서생물 조사를 위한 채집과 채집한 표본의 정량·정성적 분석 및 해양환경과의 관계를 분석할 수 있어야 한다.

자료 및 관련서류

- 해양관련 법규
- 해양생물조사관련 조사 및 분석기기 사용 매뉴얼
- 해양관측장비 운용 매뉴얼
- 해양생물도감
- 해양학개론, 해양생태학, 해양계측학, 해수의 수질분석, 해양 관련 법규 관련 국내외의 인터넷사이트, 학회지 및 연구자료 등

장비 및 도구(재료 포함)

- 선박

- 윈치
- 채집망(네트)
- 거름체(sieve)
- 현미경(저/고배율)
- 채니기(grab)
- 도감
- 채수기
- 수질관측장비
- 시료 균등분할기
- 커버글라스
- 헤모사이토메터
- 해양계측장비
- 계수기
- Depressed 슬라이드글라스
- 그물
- 저인망(dredge)
- 잠수장비
- 방형구
- 채집망
- 그물 또는 통발 등의 적정 어구
- 크기계측판
- 저울
- 카메라
- 계수용 슬라이드, 스포이드, 부유생물 핀셋, 세척병, 고정액 등

◆ 평 가 지 침

평가방법

- 평가자는 이 능력단위의 수행준거에 제시되어 있는 내용을 평가하기 위해 이론과 실기를 나누어 평가하거나 종합적인 결과물의 평가 등 다양한 평가 방법을 사용할 수 있다.
- 피 평가자의 과정평가로는 다음의 평가 방법을 권장한다.
    - 일상적인 면담
    - 관찰기록모음
    - 학습 일지

해양환경

- 자기평가(구두 혹은 글)
- 보고서
- 행동점검표
• 피 평가자의 결과물 평가로는 다음의 평가 방법을 권장한다.
  - 과제진술과 채점기준이 있는 프로젝트, 포트폴리오
  - 교육생의 시범/연구, 조사결과물
  - 태도 점검표, 질문지
  - 선다형시험, 단답형 및 서술형 주관식시험 등

평가시 고려사항

• 평가자는 피 평가자가 수행준거 및 평가내용에 제시되어 있는 내용을 성공적으로 수행할 수 있는지를 평가해야 한다.
• 작업 수행과정을 면밀히 관찰하고 각 작업 수행과정에 따른 숙련도, 정밀도, 안전성 등을 공정하고 객관성 있게 평가하여야 한다.
• 평가자는 다음사항을 평가해야 한다.
  - 부유생물 및 환경과의 상관성 등의 일반적인 지식과 시료의 채집, 정량·정성적 분석 등의 실무적인 작업내용을 이론적으로 평가하는 것이 적합함.
  - 생물해양학에 관한 기본적인 내용과 유영동물 표본의 채집방법, 유영동물의 정량·정성분석, 유영동물의 동정에 관련된 이론을 객관식 혹은 주관식으로 평가하는 것이 적합함.
  - 생물해양학에 관한 기본적인 내용과 샘플의 채집방법, 유영동물의 정량·정성분석, 저서생물의 동정에 관련된 이론을 객관식 혹은 주관식으로 평가하는 것이 적합함.

해양환경

코드명 :
능력단위명 : 해양환경복원
능력단위 정의 : 이 능력 단위는 유류오염방제, 유해생물오염방제, 해양환경 위해성평가, 연안생태계복원, 해양배출폐기물관리 등을 하는 능력이다.

능력단위요소	수 행 준 거
코드명e.1 유류오염 방제하기	1.1 오염원인을 파악할 수 있다. 1.2 유류오염 해약의 해양환경과 오염범위를 조사할 수 있다. 1.3 Boom을 설치하여 기포장벽을 만들어 유출유의 확산을 방지할 수 있다. 1.4 방제장비를 이용하여 유출유를 수거할 수 있다. 1.5 흡착재 또는 유겔화제를 이용하여 유출유를 제거할 수 있다. 1.6 유출유에 점화하여 유류를 소각시킬 수 있다. 1.7 유처리제를 살포하여 유류를 분산시킬 수 있다. 1.8 생물정화제제를 투입하여 유류를 미생물에 의한 분해를 유도할 수 있다.
	【지식】 ㅇ 유류의 종류 및 화학적, 물리적인 특성 ㅇ 해역(해상 및 해안)의 오염범위 조사방법 ㅇ 유출유의 해상 및 해안 방제기법 ㅇ 방제장비 및 기자재의 특성과 적용원리 ㅇ 유류오염이 해양환경에 미치는 영향 【기술】 ㅇ 방제장비 및 기자재의 적절한 사용법 ㅇ 유출유의 물리적·화학적 방제방법 【태도】 ㅇ 논리적 사고 및 분석력

해양환경

능력단위요소	수행준거
	○ 창의적 문제해결능력 ○ 세심한 관찰력
코드명e.2 유해생물 오염 방제하기	2.1 해역별 적정한 시료 채취를 할 수 있다 2.2 체취한 시료를 소량으로 현미경을 통해서 관찰할 수 있다. 2.3 유해생물의 동정과 발생정도를 파악할 수 있다. 2.4 유해생물 발생해역의 위치와 규모를 파악할 수 있다. 2.5 유해생물별 적정한 방제방법을 선택할 수 있다.
	【지식】 ○ 사료채취방법 　　　　 ○ 유해생물의 동정 　　　　 ○ 유해생물별 방제방법 【기술】 ○ 관찰 및 분석기기 사용법 【태도】 ○ 논리적 사고 및 분석력 　　　　 ○ 창의적 문제해결능력 　　　　 ○ 세심한 관찰력
코드명e.3 해양환경 위해성 평가하기	3.1 화학물질의 유해성을 파악할 수 있다. 3.2 해양환경에서의 유해물질을 파악할 수 있다. 3.3 샘플링 및 해양환경 조사를 할 수 있다. 3.4 해양환경 위해성 평가를 할 수 있다. 3.5 화학물질 안전관리 국제 동향을 파악할 수 있다. 3.6 유해화학물질 환경배출량을 확인할 수 있다. 3.7 해양환경위해성 관리를 할 수 있다.

능력단위요소	수 행 준 거
	【지식】 ○ 위해성평가(유해성확인, 용량-반응평가, 노출평가, 위해도 결정) ○ 관련법규 ○ 런던협약 등 국제협약 ○ 위해도 관리 【기술】 ○ 위해성 평가 및 관리 ○ 관련 국제동향 및 법규 파악 【태도】 ○ 논리적 사고 및 분석력 ○ 창의적 문제해결능력 ○ 세심한 관찰력
코드명e.4 연안생태계 복원하기	4.1 훼손 또는 오염의 원인과 정도를 파악할 수 있다. 4.2 훼손 또는 오염 이전의 원형에 대한 추정을 할 수 있다. 4.3 훼손 또는 오염 원인에 대한 개선·복원 방법을 선정할 수 있다. 4.4 개선·복원 작업을 수행할 수 있다. 4.5 훼손 또는 오염의 재발 방지책을 수립할 수 있다. 4.6 지속적인 복원상황을 점검할 수 있다.
	【지식】 ○ 해양환경 및 해양생물 ○ 생태학, 갯벌 생태학 ○ 사회·경제적 평가(BC분석) ○ 환경영향평가 및 조사법 ○ 해양환경 친환경적 복원법 【기술】 ○ 환경영향조사 ○ 해양환경(갯벌) 친환경적 복원 【태도】 ○ 논리적 사고 및 분석력 ○ 창의적 문제해결능력 ○ 세심한 관찰력

해양환경

Ocean Environment

해양환경복원

능력단위요소	수행준거
코드명 e.5 해양배출폐기물 관리하기	5.1 해양투기장의 선정을 관리할 수 있다. 5.2 폐기물 허용 배출량을 정할 수 있다. 5.3 폐기대상 샘플을 채집할 수 있다. 5.4 폐기물의 종류를 확인할 수 있다. 5.5 폐기물에 따른 처리방법을 결정할 수 있다. 5.6 방제 혹은 최종 배출(투기)할 수 있다. 5.7 지속적인 오염물 영향평가를 할 수 있다.
	【지식】 ○ 배출폐기물의 종류 ○ 배출폐기물의 수거 및 이용법 ○ 폐기물의 생물독성, 오염 제거방법 ○ 해양투기 런던협약 【기술】 ○ 해양처분이 가능한 폐기물 및 폐수의 종류 파악 ○ 관련 국제동향 및 법규 파악 ○ 투기해역 모니터링 및 주위 해역 관리 【태도】 ○ 논리적 사고 및 분석력 ○ 창의적 문제해결능력 ○ 세심한 관찰력

◆ 작 업 상 황

(고려사항 → 각 성취수준)

- 해상 또는 해안에서의 유류오염 시 그 원인을 파악하고 적절한 방제대책을 세워서 유출된 유류를 회수 또는 제거할 수 있다.
- 해역에서 채취한 시료를 전처리 하고 유해생물의 동정과 발생정도를 파악하여, 적절한 방제방법을 선택하고 유해생물로 인한 피해를 방지할 수 있다.

해양환경

- 해양환경에 위해를 끼치는 여러 가지 유해물질을 파악하고 해양환경 위해성 평가 및 관리를 할 수 있다.
- 연안생태계의 훼손 또는 오염 원인과 그 정도를 파악하고 원형을 유지할 수 있도록 개선 또는 복원 계획을 수립하고 환경복원 작업을 수행할 수 있다.
- 해양에 배출되는 폐기물을 관리하고 해양투기장의 선정과 관리 및 배출 후의 환경영향평가 및 예측을 할 수 있다.

자료 및 관련서류

- 해양관련 법규
- 해양환경관련 국제협약
- 분류도감
- 해양방제관련 장비 및 기자재 사용 매뉴얼
- 해양환경위해성평가 매뉴얼
- 해양학개론, 해양생태학, 해양계측학, 해수의 수질분석, 해양 관련 법규 관련 국내외의 인터넷사이트, 학회지 및 연구자료 등

장비 및 도구(재료 포함)

- 방제선
- 방제부선
- 오일붐(Oil Boom)
- 유해수기(Skimmer)
- 고압세척기
- 회수유 저장조
- 자갈세척기
- 비치클리너
- 해안방제용 중장비(굴삭기 등)
- 개인보호장구(방제복, 방제화, 마스크, 장갑)
- 현미경
- 해양계측장비
- 네트 및 시브
- 계수기
- 채수기
- 촬영장비
- 화학물질 안전관리정보시스템(KISChem)

해양환경

Ocean Environment

- 해양생물조사 장비
- 지질조사장비
- 복원장비
- 방사능측정기
- CTD
- HPLC
- 광물분석기
- 화학분석장비
- 해수분석장비
- 샘플링장비
- 슬라이드글라스, 커버글라스, 유처리제, 유겔화제, 생물화제제, 유흡착재 등

해양환경복원

◆ 평 가 지 침

평가방법

- 평가자는 이 능력단위의 수행준거에 제시되어 있는 내용을 평가하기 위해 이론과 실기를 나누어 평가하거나 종합적인 결과물의 평가 등 다양한 평가 방법을 사용할 수 있다.
- 피 평가자의 과정평가로는 다음의 평가 방법을 권장한다.
  - 일상적인 면담
  - 관찰기록모음
  - 학습 일지
  - 자기평가(구두 혹은 글)
  - 보고서
  - 행동점검표
- 피 평가자의 결과물 평가로는 다음의 평가 방법을 권장한다.
  - 과제진술과 채점기준이 있는 프로젝트, 포트폴리오
  - 교육생의 시범/연구, 조사결과물
  - 태도 점검표, 질문지
  - 선다형시험, 단답형 및 서술형 주관식시험 등

평가시 고려사항

- 평가자는 피 평가자가 수행준거 및 평가내용에 제시되어 있는 내용을 성공적으로 수행할 수 있는지를 평가해야 한다.

- 작업 수행과정을 면밀히 관찰하고 각 작업 수행과정에 따른 숙련도, 정밀도, 안전성 등을 공정하고 객관성 있게 평가하여야 한다.
- 평가자는 다음사항을 평가해야 한다.
    - 유류의 종류별 특성, 해양 유류오염에 관한 기본적인 지식, 방제장비·기자재의 종류와 사용법, 오염범위의 조사방법, 해상/해안 방제기법에 관한 내용을 객관식 혹은 주관식 필기 평가로 테스트하는 것이 적합함
    - 해역별 유해생물의 발생위치와 규모를 파악하기 위한 시료채취 및 관찰방법과 피해를 최소화하기 위한 적절한 방제방법을 선정 등에 관한 내용을 객관식과 주관식 이론 평가로 테스트하는 것이 적합함
    - 위해를 미치는 여러가지 화학물질 및 내분비 교란물질 등에 대한 지식과 위해성평가 및 관리, 관련 국제동향 및 법규 파악에 관한 실무내용을 객관식 혹은 주관식 필기시험으로 평가하는 것이 바람직함
    - 연안오염과 연안생태계의 영향 및 복원법에 관련된 내용은 객관식 혹은 주관식으로 평가하는 것이 타당하고, 환경영향조사 및 연안환경 친환경적 복원에 관한 실무적인 지식의 경우 작업형의 평가가 장기간이 소요되며 매우 어려우므로 역시 객관식 혹은 주관식 필기시험으로 평가하는 것이 적합함
    - 해양에서의 폐기물 배출과 투기장의 선정 및 관리에 관한 기본지식을 필기로서 평가하고 폐기물의 해양처분 허용량 산정 혹은 해양처분장 모니터링 및 주위 해역관리 등의 실무지식은 작업형 평가가 곤란하므로 필답형으로 평가하는 것이 적합함

해양환경

<부 록>

■ 해양환경직종 직무구조도

책무 (Duty)	작업 (Task)			
A 해양물리조사	A-1 조석 및 조류 관측하기	A-2 해류관측하기	A-3 파랑관측하기	A-4 수온 및 염분 관측하기
	A-5 원격탐사 및 무인 모니터링하기			
B 해양화학조사	B-1 해양화학 현장조사하기	B-2 해수중의 화학 성분 조사하기	B-3 퇴적물 화학분석하기	B-4 동위 원소의 해양 화학적 이용하기
C 해양지질조사	C-1 해안지형 조사하기	C-2 해저지형 조사하기	C-3 해저지층 조사하기	C-4 퇴적물시료 채취 및 분석하기
D 해양생물조사	D-1 부유생물 조사하기	D-2 유영동물 조사하기	D-3 저서생물 조사하기	
E 해양환경복원	E-1 유류오염 방제하기	E-2 유해생물오염 방제하기	E-3 해양환경 위해성평가하기	E-4 연안생태계 복원하기
	E-5 해양배출폐기물 관리하기			

NCS 양식을 활용한
(해양자원개발)직종 직무분석
(Development of Ocean Energy & Mineral Resources)

2012

해양자원개발 능력단위군

□ 해양자원개발 직무의 정의

해양에너지 및 자원개발에 필요한 기초적인 해양자원, 지질해양학, 탐사공학 분야의 지식을 바탕으로 해양자원조사 및 개발의 업무를 수행하는 직무

□ 직무의 능력단위

능력단위군	코드명	능력단위명	페이지
해양자원개발		사업추진계획수립	219
		사례분석 및 조사방법 결정	224
		자원조사	228
		해양탄성파 탐사	233
		조사결과 분석/평가	236

코드명 :
능 력 단 위 명 : **사업추진계획수립**
능력단위 정의 : 이 능력 단위는 사업개요를 분석하고 조사추진계획, 대상자원특성, 환경특성 등을 검토하는 능력이다.

능 력 단 위 요 소	수 행 준 거
코드명a.1 사업개요 분석하기	1.1 조사대상에 대한 기본자료를 수집할 수 있다. 1.2 사업주의 요구사항을 파악할 수 있다. 1.3 조사목표 및 방향을 설정할 수 있다. 1.4 타 분야와 업무를 분장할 수 있다. 1.5 용역계약서 등을 검토할 수 있다. 1.6 조사관련 서류를 검토할 수 있다. 1.7 관련법규 및 조례를 검토할 수 있다. 1.8 인·허가 관련사항을 검토할 수 있다. 【지식】 ㅇ 해양관련 법규 ㅇ 계약관련 상법 ㅇ 해양지질자원에 대한 전반적인 지식 【기술】 ㅇ 프로젝트 기획능력 ㅇ 계약서 작성능력 ㅇ 자료수집 및 분석능력 【태도】 ㅇ 논리적 사고 및 분석능력 ㅇ 창의적 문제해결능력 ㅇ 기획능력
코드명a.2 조사추진계획 검토하기	2.1 수집된 자료를 분석할 수 있다. 2.2 조사자원의 가치수준을 파악할 수 있다. 2.3 조사 단계별 계획을 수립할 수 있다.

해양자원개발

능력단위요소	수 행 준 거
	2.4 조사원의 조직을 구성할 수 있다.
	2.5 타 분야와의 협의를 계획할 수 있다.
	2.6 추진일정을 수립할 수 있다.
	【지식】 ㅇ 해양일반 ㅇ 해양지질 및 해양자원학 ㅇ 자료분석능력 ㅇ 해양지질 자원에 관한 전반적인 지식 【기술】 ㅇ 자료분석능력 ㅇ 프로젝트계획 수립 능력 ㅇ 조직구성 및 타 분야와의 연계능력 【태도】 ㅇ 논리적 사고 및 분석능력 ㅇ 창의적 문제해결능력 ㅇ 세심한 관찰력
코드명a.3 대상자원 특성 검토하기	3.1 수집된 기존의 조사자료를 검토할 수 있다.
	3.2 현재 진행중인 조사의 유무를 검토할 수 있다.
	3.3 조사 후 해양환경 변화내용을 검토할 수 있다.
	3.4 자료중 조사대상 지역 및 자원의 유사 자료를 추출할 수 있다.
	3.5 분석된 자료를 토대로 대상자원을 특성화하여 필요한 조사의 종류를 결정할 수 있다.
	【지식】 ㅇ 해양일반 ㅇ 해양지질 및 해양자원학 ㅇ 해양환경일반 ㅇ 자료분석능력 ㅇ 해양환경영향평가 ㅇ 해양지질 자원에 관한 전반적인 지식 【기술】 ㅇ 자료분석능력

능력단위요소	수행준거
	【태도】 ○ 해양환경영향평가 분석 능력 ○ 논리적 사고 및 분석능력 ○ 창의적 문제해결능력 ○ 세심한 관찰력
코드명a.4 환경 특성 검토하기	4.1 조사대상 지역의 환경자료를 수집할 수 있다. 4.2 환경자료를 분석할 수 있다. 4.3 조사대상 지역의 환경특성을 검토하여 조사방법을 수립할 수 있다. 4.4 전체적인 친환경 계획을 수리할 수 있다. 4.5 각 조사방법에 대한 경제성을 고려할 수 있다. 4.6 경제성을 고려한 조사방법을 결정할 수 있다. 4.7 경제성을 고려한 조사기준을 설정할 수 있다.
	【지식】 ○ 해양일반 ○ 해양지질 및 해양자원학 ○ 해양환경일반 ○ 자료분석능력 ○ 해양환경영향평가 ○ 해양지질 자원에 관한 전반적인 지식 【기술】 ○ 자료분석능력 ○ 해양환경영향평가 분석 능력 【태도】 ○ 논리적 사고 및 분석능력 ○ 창의적 문제해결능력 ○ 세심한 관찰력

해양자원개발

◆ 작업상황

고려사항

- 사업주의 요구사항이나 조사대상을 바탕으로 실제 해양에서 조사를 시행할 수 있는 계획서를 작성할 수 있다.
- 기본자료를 바탕으로 조사대상을 파악하고 조사를 위한 추진계획을 수립할 수 있다.
- 수집된 자료를 바탕으로 자료의 내용을 검토하고 그 자료를 현재 조사대상에 적용하여 환경의 영향을 파악하고 필요한 조사자료를 마련할 수 있다.
- 조사대상 지역의 자료를 바탕으로 환경에 미치는 영향을 분석하여 친환경적인 조사계획을 수립하고 경제성을 고려한 조사기준을 설정한다.

자료 및 관련서류

- 해양관련 법규
- 계약관련 법령 및 규정
- 사업추진계획수립관련 매뉴얼
- 사업추진계획수립관련 도서
- 사업추진계획수립관련 프로그램
- 해양학개론, 지질해양학, 해양자원학, 탐사공학, 해양계측학관련 국내외의 인터넷 사이트, 학회지 및 연구자료 등

장비 및 도구(재료 포함)

- 프리젠테이션장비(빔프로젝트, 스크린 등)
- 작업실
- 컴퓨터 및 주변기기
- 도면 및 문서작성용 소프트웨어
- 컬러 프린터 및 플로터
- 디지털카메라
- 캠코드

◆ 평 가 지 침

평가방법

- 평가자는 이 능력단위의 수행준거에 제시되어 있는 내용을 평가하기 위해 이론과 실기를 나누어 평가하거나 종합적인 결과물의 평가 등 다양한 평가 방법을 사용할 수 있다.
- 피 평가자의 과정평가로는 다음의 평가 방법을 권장한다.
  - 일상적인 면담
  - 관찰기록모음
  - 학습 일지
  - 자기평가(구두 혹은 글)
  - 보고서
  - 행동점검표
- 피 평가자의 결과물 평가로는 다음의 평가 방법을 권장한다.
  - 과제진술과 채점기준이 있는 프로젝트, 포트폴리오
  - 교육생의 시범/연구, 조사결과물
  - 태도 점검표, 질문지
  - 선다형시험 등

평가시 고려사항

- 평가자는 피평가자가 수행준거 및 평가내용에 제시되어 있는 내용을 숙지하고 요구사항을 성공적으로 수행할 수 있는지를 평가해야 한다.
- 작업 수행과정을 면밀히 관찰하고 각 작업 수행과정에 따른 숙련도, 정밀도, 안전성 등을 공정하고 객관성 있게 평가하여야한다.
- 평가자는 다음사항을 평가해야 한다.
  - 조사대상에 대한 기본자료 수집 능력
  - 조사목표 및 방향 설정 능력
  - 조사관련 서류, 관계법규 및 조례, 인허가 사항 검토 능력
  - 조사 추진일정 수립 능력
  - 조사 단계별 계획수립 및 타분야 협의 능력
  - 분석된 자료를 토대로 대상자원을 특성화하여 필요한 조사의 종류 결정 능력
  - 조사대상 지역의 환경특성을 검토하여 조사방법 수립 능력
  - 친환경 및 경제성을 고려한 조사방법 검토 능력

해양자원개발

코드명 :

능력단위명 사례분석 및 조사방법 결정

능력단위 정의 : 이 능력 단위는 기존자료를 분석하고 조사방법 및 주요장비 설정하기 등을 하는 능력이다.

능력단위요소	수 행 준 거
코드명b.1 조사자료 분석하기	1.1 수집된 기존의 조사자료를 검토할 수 있다. 1.2 현재 진행중인 조사의 유무를 검토할 수 있다. 1.3 조사 후 자원특성과 해양환경 변화내용을 검토할 수 있다. 1.4 수집된 기존의 자료 중 조사대상 해역 및 자원의 유사자료를 추출할 수 있다. 1.5 분석된 자료를 토대로 필요한 조사의 방법과 내용을 결정할 수 있다.
	【지식】 ○ 해양일반 ○ 해양지질 및 해양자원학 ○ 해양환경일반 ○ 자료분석능력 ○ 해양환경영향평가 ○ 해양지질 자원에 관한 전반적인 지식 【기술】 ○ 자료분석능력 ○ 해양환경영향평가 분석 【태도】 ○ 논리적 사고 및 분석능력 ○ 창의적 문제해결능력 ○ 세심한 관찰력
코드명b.2 조사방법 설정하기	3.1 조사기준과 범위를 결정할 수 있다. 3.2 기준에 따른 조사방법을 확인할 수 있다. 3.3 조사에 따른 인원을 산출할 수 있다.

능력단위요소	수 행 준 거
	3.4 장비 및 시설을 확인할 수 있다.
	3.5 조사비용을 추정할 수 있다.
	3.6 비용 추정액과 예산을 확인할 수 있다.
	3.7 최종 조사방법을 결정할 수 있다.
	【지식】 ○ 해양조사방법 ○ 장비사용법 ○ 조사방법에 따른 장비 및 시설 ○ 적합한 조사방법의 설정 【기술】 ○ 해양조사방법 ○ 조사기기 사용법 【태도】 ○ 논리적 사고 및 분석능력 ○ 창의적 문제해결능력 ○ 세심한 관찰력
코드명b.3 주요장비 설정하기	4.1 조사방법에 적합한 장비를 결정할 수 있다.
	4.2 주요장비와 이력카드를 작성할 수 있다.
	4.3 주요장비의 운용지침을 마련할 수 있다.
	4.4 주요장비 손망실시 현장조치를 할 수 있다.
	4.5 주요장비 결정시 운용비용을 추정할 수 있다.
	4.6 투입장비 예비부품에 대한 확보를 결정할 수 있다.
	4.7 주요장비의 상태를 검교정 할 수 있다.
	【지식】 ○ 해양조사방법 ○ 장비사용법 ○ 조사방법에 따른 장비 및 시설 ○ 적합한 조사방법의 설정

해양자원개발

능력단위요소	수 행 준 거
	【기술】 ○ 해양조사방법 　　　　○ 조사기기 사용법 【태도】 ○ 논리적 사고 및 분석능력 　　　　○ 창의적 문제해결능력 　　　　○ 세심한 관찰력

◆ 작업상황

고려사항

- 조사 대상자원이 분포하는 해역주변의 기조사된 자원/환경자료를 수집·검토·분석하여 조사활동에 요구되는 필수 계획자료를 마련할 수 있다.
- 파악된 자료를 바탕으로 적합한 조사기준과 범위를 설정하고 그에 따른 소요인원 및 장비 등을 파악하여 정확한 조사방법을 설정할 수 있다.
- 파악된 조사기준, 범위와 방법을 바탕으로 적합한 조사장비를 선정할 수 있다.

자료 및 관련서류

- 해양환경영향평가 매뉴얼
- 해양환경영향평가 도서
- 사례분석 및 조사방법 결정관련 매뉴얼
- 사례분석 및 조사방법 결정관련 도서
- 사례분석 및 조사방법 결정관련 프로그램
- 해양학개론, 지질해양학, 해양자원학, 탐사공학, 해양계측학관련 국내외의 인터넷사이트, 학회지 및 연구자료 등

장비 및 도구(재료 포함)

- 프리젠테이션장비(빔프로젝트, 스크린 등)
- 작업실
- 컴퓨터 및 주변기기
- 도면 및 문서작성용 소프트웨어
- 컬러 프린터 및 플로터
- 해양환경영향평가 도서

◆ 평 가 지 침

평가방법

- 평가자는 이 능력단위의 수행준거에 제시되어 있는 내용을 평가하기 위해 이론과 실기를 나누어 평가하거나 종합적인 결과물의 평가 등 다양한 평가 방법을 사용할 수 있다.
- 피 평가자의 과정평가로는 다음의 평가 방법을 권장한다.
  - 일상적인 면담
  - 관찰기록모음
  - 학습 일지
  - 자기평가(구두 혹은 글)
  - 보고서
  - 행동점검표
- 피 평가자의 결과물 평가로는 다음의 평가 방법을 권장한다.
  - 과제진술과 채점기준이 있는 프로젝트, 포트폴리오
  - 교육생의 시범/연구, 조사결과물
  - 태도 점검표, 질문지
  - 선다형시험 등

평가시 고려사항

- 평가자는 피평가자가 수행준거 및 평가내용에 제시되어 있는 내용을 숙지하고 요구사항을 성공적으로 수행할 수 있는지를 평가해야 한다.
- 작업 수행과정을 면밀히 관찰하고 각 작업 수행과정에 따른 숙련도, 정밀도, 안전성 등을 공정하고 객관성 있게 평가하여야 한다.
- 평가자는 다음사항을 평가해야 한다.
  - 수집된 기존 조사자료의 검토·분석 능력
  - 자원특성과 해양환경 변화내용을 검토 능력
  - 분석된 자료를 토대로 필요한 조사방법과 내용 결정 능력
  - 조사기준과 범위를 설정할 수 있는 능력
  - 기준에 따른 조사방법 확인 능력
  - 조사방법에 적합한 장비 결정 능력
  - 주요장비의 운용지침 마련 능력

해양자원개발

코드명 :

능력 단위 명 : **자원조사**

능력단위 정의 : 이 능력 단위는 해저환경 조사, 해저지층 탐사, 시료채취 및 표본 분석, 조사내용 검토하기 등을 하는 능력이다.

능 력 단 위 요 소	수 행 준 거
코드명c.1 해저환경 조사하기	1.1 조사일정을 관리할 수 있다. 1.2 해저지형을 조사할 수 있다. 1.3 해저면을 조사할 수 있다. 【지식】 o 해양환경조사 　　　　 o 장비종류 및 사용법 　　　　 o 조사방법에 따른 장비 및 시설 　　　　 o 적합한 조사방법의 설정 　　　　 o 해저지형 조사방법 　　　　 o 해저지질 조사방법 【기술】 o 해양조사방법 　　　　 o 조사기기 사용법 　　　　 o 해자자원 조사방법 【태도】 o 논리적 사고 및 분석능력 　　　　 o 창의적 문제해결능력 　　　　 o 세심한 관찰력
코드명c.2 해저지층 조사하기	2.1 해저지층 탐사 작업지역을 선정할 수 있다. 2.2 해저지층탐사를 목적에 맞게 설계하여 자료를 획득할 수 있다. 2.3 획득한 자료를 이해하고 특징을 파악/설명할 수 있다. 2.4 현장 자료분석을 통해 탐사 변수의 타당성을 파악할 수 있다. 2.5 자료로부터 해저퇴적층 및 해저지층에 대한 개략적 정보를 파악할 수 있다.

능력단위요소	수 행 준 거
	【지식】 ○ 지질해양학 ○ 해저지층탐사기 운용 ○ 해저퇴적층 및 해저지층에 대한 자료 해석 ○ 물리탐사기초이론 【기술】 ○ 해저지형 탐사 및 해석 기술 ○ 음향탐사 운용기술 【태도】 ○ 논리적 사고 및 분석능력 ○ 창의적 문제해결능력 ○ 세심한 관찰력
코드명c.3 사료채취 및 표본 분석하기	3.1 표층퇴적물/주상시료 채취 및 시험을 할 수 있다. 3.2 표층퇴적물/주상시료 분석을 할 수 있다. 3.3 표층퇴적물/주상시료 분석의 자료처리 및 분석의 타당성을 파악할 수 있다. 3.4 표본시료 채취를 할 수 있다. 3.5 표본시료 분석을 할 수 있다. 3.6 표본시료 분포양상 분석을 할 수 있다. 3.7 표본시료 분석의 자료처리 및 분석의 타당성을 파악할 수 있다. 【지식】 ○ 표층퇴적물 및 주상시료에 대한 기본지식 ○ 퇴적물의 특성, 운동 및 퇴적환경 ○ 표본시료로 대한 기본지식 ○ 표층퇴적물 및 주상시료에 대한 기본지식 ○ 퇴적물의 특성, 운동 및 퇴적환경 ○ 표본시료로 대한 기본지식 【기술】 ○ 해양퇴적물 시료채취기술 ○ 해양퇴적물 분석기술 ○ 표본시료 채취기술 및 분석, 해석기술 【태도】 ○ 논리적 사고 및 분석능력

해양자원개발

능력단위요소	수 행 준 거
	○ 창의적 문제해결능력 ○ 세심한 관찰력
코드명c.4 조사내용 검토하기	4.1 조사내용 및 조사자료를 확인할 수 있다. 4.2 자료의 오차 등 내용을 확인할 수 있다. 4.3 전체 조사계획을 확인할 수 있다. 4.4 미흡한 부분에 대한 추가 조사계획을 설정하고 수행할 수 있다.
	【지식】 ○ 해양일반 　　　　○ 해양지질 및 해양자원학 　　　　○ 해양환경일반 　　　　○ 자료 분석능력 　　　　○ 해양지질 자원에 관한 전반적인 지식 【기술】 ○ 자료 분석능력 【태도】 ○ 논리적 사고 및 분석능력 　　　　○ 창의적 문제해결능력 　　　　○ 세심한 관찰력

◆ 작 업 상 황

고려사항

- 자원조사 지역에 일반적인 해저지형 및 해저면에 대한 조사 및 현황을 파악할 수 있다.
- 해저지층탐사를 통해 해저퇴적층 및 해저지층 구조를 파악할 수 있다.
- 해저지질의 기초정보 제공을 위한 표층 및 주상시료채취 및 분석 분포양상 파악과 해저자원에 대한 표본시료채취 및 분석을 할 수 있다.
- 해양자원 조사자료를 검토하고 계획과 비교하여 미흡한 부분이나 유실된 부분의 보완을 할 수 있다.

자료 및 관련서류

- 해양환경영향평가 매뉴얼
- 해양환경영향평가 도서
- 자원조사관련 매뉴얼
- 자원조사관련 도서
- 자원조사관련 프로그램
- 해양학개론, 지질해양학, 해양자원학, 탐사공학, 해양계측학관련 국내외의 인터넷사이트, 학회지 및 연구자료 등

장비 및 도구(재료 포함)

- 프리젠테이션장비(빔프로젝트, 스크린 등)
- 작업실
- 선박
- 컴퓨터 및 주변기기
- 도면 및 문서작성용 소프트웨어
- 컬러 프린터 및 플로터
- 해양자원 채취기
- 해양자원 관측기
- 해양자원 분석기
- 해양자원 영상탐사기
- Dredge
- Corer(piston, gravity, boxer etc.)
- Grab
- 현미경
- 분석기

◆ 평 가 지 침

평가방법

- 평가자는 이 능력단위의 수행준거에 제시되어 있는 내용을 평가하기 위해 이론과 실기를 나누어 평가하거나 종합적인 결과물의 평가 등 다양한 평가 방법을 사용할 수 있다.

해양자원개발

- 피 평가자의 과정평가로는 다음의 평가 방법을 권장한다.
  - 일상적인 면담
  - 관찰기록모음
  - 학습 일지
  - 자기평가(구두 혹은 글)
  - 보고서
  - 행동점검표
- 피 평가자의 결과물 평가로는 다음의 평가 방법을 권장한다.
  - 과제진술과 채점기준이 있는 프로젝트, 포트폴리오
  - 교육생의 시범/연구, 조사결과물
  - 태도 점검표, 질문지
  - 선다형시험 등

평가시 고려사항

- 평가자는 피평가자가 수행준거 및 평가내용에 제시되어 있는 내용을 숙지하고 요구사항을 성공적으로 수행할 수 있는지를 평가해야 한다.
- 작업 수행과정을 면밀히 관찰하고 각 작업 수행과정에 따른 숙련도, 정밀도, 안전성 등을 공정하고 객관성 있게 평가하여야한다.
- 평가자는 다음사항을 평가해야 한다.
  - 해저지형 조사, 해저면 조사 능력
  - 해저지층탐사기 작동 능력
  - 획득한 자료를 이해하고 특징 파악/설명 능력
  - 자료로부터 해저퇴적층 및 해저지층에 대한 개략적 정보 파악 능력
  - 표층퇴적물/주상시료 채취, 시험 및 분석 능력
  - 조사자료의 확인 및 자료의 오차 등 내용 확인 능력
  - 미흡한 부분에 대한 추가조사계획의 설정 및 수행 능력
  - 표본시료 채취, 분석 및 분포양상 분석 능력

코드명 :
능력단위명 : 해양탄성파 탐사
능력단위 정의 : 이 능력 단위는 탄성파탐사, 탄성파층서 이해 등을 수행 하는 능력이다.

능력단위요소	수 행 준 거
코드명d.1 탄성파탐사하기	1.1 고주파, 고해상도 반사법탐사의 음원에 따른 종류와 특징을 설명할 수 있다. 1.2 주파수와 투과깊이, 해상도의 상관관계에 대해 설명할 수 있다. 1.3 탐사자료를 해석할 수 있다. 【지식】 ○ 탄성파 탐사개요 　　　○ 해양 탄성파 탐사의 종류 　　　○ 해양 탄성파 탐사의 특징 　　　○ 탐사방법 선정 【기술】 ○ 탐사장비 사용 능력 【태도】 ○ 논리적 사고 및 분석능력 　　　○ 창의적 문제해결능력 　　　○ 세심한 관찰력
코드명c.2 탄성파 층서 이해하기	2.1 탄성파 층서원리를 설명할 수 있다. 2.2 해수변 변화와 탄성파 층서에 대하여 설명할 수 있다. 【지식】 ○ 탄성파 층서 단위의 해석 　　　○ 탄성파 층서의 퇴적층 　　　○ 탄성파 층서의 니질퇴적대 형성 　　　○ 한국 남동대륙붕의 퇴적사 【기술】 ○ 탄성파 층서의 해석 기술 【태도】 ○ 논리적 사고 및 분석능력 　　　○ 창의적 문제해결능력 　　　○ 세심한 관찰력

해양자원개발

◆ 작 업 상 황

고려사항

- 고주파, 고해상도 반사법탐사의 종류와 특징 및 탐사자료를 해석할 수 있다.
- 탄성파 층서원리, 해수변 변화, 탄성파 층서에 대해 설명할 수 있다.

자료 및 관련서류

- 탄성파층서 퇴적층
- 탄성파층서 해석
- 해저면 탄성파 탐사 기술 현황
- 자원조사관련 도서
- 자원조사관련 프로그램
- 해양학개론, 지질해양학, 해양자원학, 탐사공학, 해양계측학관련 국내외의 인터넷사이트, 학회지 및 연구자료 등

장비 및 도구(재료 포함)

- 프리젠테이션장비(빔프로젝트, 스크린 등)
- 작업실
- 선박
- 컴퓨터 및 주변기기
- 도면 및 문서작성용 소프트웨어
- 컬러 프린터 및 플로터
- 해저면 탄성파 기록계
- 해저면 지진계
- 해저면게이블
- 해양자원 영상탐사기
- 분석기

◆ 평 가 지 침

평가방법

- 평가자는 이 능력단위의 수행준거에 제시되어 있는 내용을 평가하기 위해 이론과 실기를 나누어 평가하거나 종합적인 결과물의 평가 등 다양한 평가 방법을 사용할 수 있다.
- 피 평가자의 과정평가로는 다음의 평가 방법을 권장한다.
  - 일상적인 면담
  - 관찰기록모음
  - 학습 일지
  - 자기평가(구두 혹은 글)
  - 보고서
  - 행동점검표
- 피 평가자의 결과물 평가로는 다음의 평가 방법을 권장한다.
  - 과제진술과 채점기준이 있는 프로젝트, 포트폴리오
  - 교육생의 시범/연구, 조사결과물
  - 태도 점검표, 질문지
  - 선다형시험 등

평가시 고려사항

- 평가자는 피평가자가 수행준거 및 평가내용에 제시되어 있는 내용을 숙지하고 요구사항을 성공적으로 수행할 수 있는지를 평가해야 한다.
- 작업 수행과정을 면밀히 관찰하고 각 작업 수행과정에 따른 숙련도, 정밀도, 안전성 등을 공정하고 객관성 있게 평가하여야한다.
- 평가자는 다음사항을 평가해야 한다.
  - 탄성파 탐사개요
  - 해양 탄성파 탐사의 종류
  - 해양 탄성파 탐사의 특징
  - 탐사방법 선정
  - 탄성파 층서 단위의 해석
  - 탄성파 층서의 퇴적층
  - 해저지형 조사, 해저면 조사 능력
  - 해저지층탐사기 작동 능력

해양자원개발

코드명 :

능력단위명 : 조사결과 분석/평가

능력단위 정의 : 이 능력 단위는 조사자료의 처리, 조사내용 분석, 조사결과 해석, 자원량 평가, 조사결과 보고서 작성하기 등을 하는 능력이다.

능력단위요소	수 행 준 거
코드명 e.1 조사자료 처리하기	1.1 조사자료를 목적별로 구분하고 분류할 수 있다. 1.2 조사자료 특성을 이해하고 확인할 수 있다. 1.3 자료입력을 수행할 수 있다. 1.4 프로그램을 이용하여 자료를 처리·분석할 수 있다. 【지식】 ○ 자료관리 및 분류 ○ 프로그램 입력법 ○ 분석프로그램 사용 ○ 수치해석 및 자료해석 【기술】 ○ 전문프로그램 사용 ○ 자료처리능력 【태도】 ○ 논리적 사고 및 분석능력 ○ 창의적 문제해결능력 ○ 세심한 관찰력
코드명 e.2 조사내용 분석하기	2.1 조사자료를 목적별로 구분하고 분류할 수 있다. 2.2 조사자료 특성을 이해하고 확인할 수 있다. 2.3 프로그램을 이용하여 자료를 분석할 수 있다. 2.4 분석된 자료에 대한 검증을 할 수 있다. 【지식】 ○ 자료관리 및 분류 ○ 프로그램 입력법 ○ 분석프로그램 사용 ○ 수치해석 및 자료해석

능력단위요소	수행준거
	【기술】 o 전문프로그램 사용 　　　　 o 자료분석능력 【태도】 o 논리적 사고 및 분석능력 　　　　 o 창의적 문제해결능력 　　　　 o 세심한 관찰력
코드명 e.3 조사결과 해석하기	3.1 조사자료를 목적별로 구분하고 분류할 수 있다. 3.2 조사자료 특성을 이해하고 확인할 수 있다. 3.3 프로그램을 이용하여 자료를 해석할 수 있다. 【지식】 o 자료관리 및 분류 　　　　 o 프로그램 입력법 　　　　 o 분석프로그램 사용 　　　　 o 수치해석 및 자료해석 【기술】 o 전문프로그램 사용 　　　　 o 자료해석능력 【태도】 o 논리적 사고 및 분석능력 　　　　 o 창의적 문제해결능력 　　　　 o 세심한 관찰력
코드명 e.4 자원량 평가하기	4.1 자료 및 시료분석 결과를 해석할 수 있다. 4.2 자원의 종류를 분류할 수 있다. 4.3 자원의 품위와 개발타당성을 분석할 수 있다. 4.4 자원의 분포특성 해석을 작업할 수 있다. 4.5 부존량 산출방법 및 과정을 검증할 수 있다. 4.6 자원도 작성을 수행할 수 있다. 【지식】 o 자료해석 　　　　 o 시료분석요령 　　　　 o 최적 자료처리 방식 결정 및 처리 능력

해양자원개발

능력단위요소	수행준거
	【기술】 ○ 자료가공 및 도면작성 능력 ○ 자료해석 ○ 조사도면 및 자원분포도 작성 ○ 보고서 작성 【태도】 ○ 논리적 사고 및 분석능력 ○ 창의적 문제해결능력 ○ 세심한 관찰력
코드명 e.5 조사결과보고서 작성하기	5.1 대상자원과 관련한 참고문헌을 확보할 수 있다. 5.2 대상자원에 대한 조사과정을 기술할 수 있다. 5.3 조사결과를 세부적으로 분류하고 요약할 수 있다. 5.4 자원특성에 대한 분석결과를 해석할 수 있다. 5.5 자원의 품위, 부존량 평가 작업을 할 수 있다. 【지식】 ○ 관련분야 참고문헌 활용 요령 ○ 조사결과 기술요령 ○ 조사과정, 결과 요약 ○ 해석 및 평가기술 ○ 도면화작업 【기술】 ○ 현장조사결과 작성능력 ○ 목적별 도면화 능력 【태도】 ○ 논리적 사고 및 분석능력 ○ 창의적 문제해결능력 ○ 세심한 관찰력

◆ 작 업 상 황

고려사항

- 조사지점 혹은 지역에서 획득한 자료를 분류하고, 입력한 뒤 각각의 필요한 프로그램을 운용하여 자료를 처리할 수 있다.

- 조사지점 혹은 지역에서 획득한 자료를 처리하고, 처리된 자료를 바탕으로 과학적인 지식과 필요한 프로그램을 운용하여 자료를 분석할 수 있다.
- 조사지점 혹은 지역에서 획득한 자료 처리 및 분석된 결과를 바탕으로 전문적인 지식과 필요한 프로그램을 운용하여 자료를 해석할 수 있다.
- 분석된 자료를 토대로 자원의 종류, 품위, 분포특성, 부존량 등의 결과를 도출하는 데 요구되는 방법을 활용하여 결과를 제시할 수 있다.
- 자원조사를 필요로 하는 용역 등의 업무에 있어 분석된 결과와 도면을 가지고 자원평가 결과를 논리적이고 과학적인 보고서를 작성할 수 있다.

자료 및 관련서류

- 해양환경영향평가 매뉴얼
- 해양환경영향평가 도서
- 조사결과 분석/평가관련 매뉴얼
- 조사결과 분석/평가관련 도서
- 조사결과 분석/평가관련 프로그램
- 해양학개론, 지질해양학, 해양자원학, 탐사공학, 해양계측학관련 국내외의 인터넷사이트, 학회지 및 연구자료 등

장비 및 도구(재료 포함)

- 작업실
- 프리젠테이션장비(빔프로젝트, 스크린 등)
- 컴퓨터 및 주변기기
- 도면 및 문서작성용 소프트웨어
- 컬러레이저 프린터, 컬러플로터

◆ 평 가 지 침

평가방법

- 평가자는 이 능력단위의 수행준거에 제시되어 있는 내용을 평가하기 위해 이론과 실기를 나누어 평가하거나 종합적인 결과물의 평가 등 다양한 평가 방법을 사용할 수 있다.
- 피 평가자의 과정평가로는 다음의 평가 방법을 권장한다.

해양자원개발

- 일상적인 면담
- 관찰기록모음
- 학습 일지
- 자기평가(구두 혹은 글)
- 보고서
- 행동점검표
• 피 평가자의 결과물 평가로는 다음의 평가 방법을 권장한다.
  - 과제진술과 채점기준이 있는 프로젝트, 포트폴리오
  - 교육생의 시범/연구, 조사결과물
  - 태도 점검표, 질문지
  - 선다형시험 등

평가시 고려사항

• 평가자는 피평가자가 수행준거 및 평가내용에 제시되어 있는 내용을 숙지하고 요구사항을 성공적으로 수행할 수 있는지를 평가해야 한다.
• 작업 수행과정을 면밀히 관찰하고 각 작업 수행과정에 따른 숙련도, 정밀도, 안전성 등을 공정하고 객관성 있게 평가하여야한다.
• 평가자는 다음사항을 평가해야 한다.
- 조사자료를 목적별로 구분하고 분류할 수 있는 능력
- 프로그램을 이용하여 자료의 처리·분석·해석 능력
- 조사자료 특성에 대한 이해
- 자료 및 시료분석 결과 해석 능력
- 자원의 품위와 개발 타당성 분석 능력
- 자원의 분포특성 해석 능력
- 조사결과를 세부적으로 분류하고 요약할 수 있는 능력
- 자원특성에 대한 분석결과 해석 능력
- 자원의 품위 및 부존량 평가 능력

<부 록>

■ 해양자원개발 직무구조도

책 무 (Duty)	작 업 (Task)			
A 사업추진 계획수립	A-1 사업개요 분석하기	A-2 조사추진계획 검토하기	A-3 대상자원 특성 검토하기	A-4 환경특성 검토하기
B 사례분석 및 조사방법 결정	B-1 기존자료 분석하기	B-2 조사방법 설정하기	B-3 주요장비 설정하기	
C 자원조사	C-1 해저환경 조사하기	C-2 해저지층 조사하기	C-3 시료채취 및 표본 분석하기	C-4 조사내용 검토하기
D 해양탄성파탐사	D-1 탄성파탐사하기	D-2 탄성파층서 이해하기		
E 조사결과 분석/평가	E-1 조사자료 처리하기	E-2 조사내용 분석하기	E-3 조사결과 해석하기	E-4 자원량 평가하기
	E-5 조사결과보고서 작성하기			